AF704976

HEIKO HECKER

Unterrichtseinstiege
Ethik

Cornelsen

Der Autor:
Heiko Hecker ist Oberstudienrat an einer Gemeinschaftsschule in Baden-Württemberg. Er unterrichtet die Fächer Politik/Wirtschaft, Deutsch, Geschichte, Ethik, EWG. Das Studium Lehramt für Gymnasien absolvierte er an der Ruprecht-Karls-Universität Heidelberg.

Projektleitung: Dorothee Weylandt, Berlin
Redaktion: Katia Simon, Essen
Umschlaggestaltung: Jule Kienecker, Berlin
Layout und technische Umsetzung: LemmeDESIGN, Berlin

www.cornelsen.de

1. Auflage 2020

Druck: H. Heenemann, Berlin

ISBN 978-3-589-16733-3

PEFC
PEFC/04-31-1156

PEFC zertifiziert
Dieses Produkt stammt aus nachhaltig bewirtschafteten Wäldern und kontrollierten Quellen.
www.pefc.de

Vorwort 5

Themen für den Doppeljahrgang 5/6

Ampelspiel	*Wie wichtig ist die Familie?*	6
Assoziationskette	*Feste in den Religionen*	7
Basar	*Mein Name gehört zu mir – Wer bin ich?*	8
Bilderbuffet	*Familie im Wandel – Patchworkfamilien auf dem Vormarsch*	9
Büchertisch	*Religiöse Erzählungen am Beispiel des Judentums*	10
Elfchen	*Meine Stärken*	11
Ideentisch	*„Unsere Schule braucht mehr Nachhaltigkeit" – Klimaschutz*	12
Internetrecherche	*Was heißt Freundschaft?*	13
Kopfstand	*Neugier und Wissensdurst*	15
Kugellager	*Wo liegt der Unterschied zwischen Erfolg und Misserfolg?*	16
Prioritätenliste	*Moral und moralische Vorstellungen*	17
Wortsalat	*Wahrheit und Wirklichkeit*	18
Zauberstark	*Meine Stärken*	19

Themen für den Doppeljahrgang 7/8

ABC-Methode	*Armutszuwanderung*	20
Bildbeschreibung	*Armut und Reichtum*	22
Buchstabenspiel	*Konflikte gewaltfrei lösen*	24
Dialog	*Ethikunterricht für alle?*	25
Fishbowl	*Gebührenfreie Sport- und Musikvereine für alle?*	27
Kursbarometer	*Der gläserne Mensch – Welche Daten geben wir von uns preis*	28
Meinungskarussell	*Sollen wir, wie Frankreich, die Zucht von Delfinen verbieten?*	29
Meinungslinie	*Brauchen wir das Menschenrecht auf Asyl?*	31
Placement	*Bedingungsloses Grundeinkommen?*	33
Punktabfrage	*Warum brauchen wir die Grund- und Menschenrechte? Am Beispiel Gleichheit vor dem Gesetz (Art. 3 GG)*	34
Rollenspiel	*Warum ist die Einführung einer Grundrente gerecht?*	36
Sätze beenden	*Bildungsgerechtigkeit – Wie gerecht ist unser Land wirklich?*	37
Standbilder	*Pubertät – Wer bin ich?*	38
Stimmungsbild	*Soziale Medien – Freund oder Feind?*	40

Themen für den Doppeljahrgang 9/10

Brainstorming	*Identität – Wie finde ich zu mir selbst?*	41
Brainwriting	*Umweltschutz – Warum sollten wir besser mit unserer Umwelt umgehen?*	43
Buchstabengitter	*Liebe, Ehe, Familie – Eine Einführung*	45
Freiflug	*Wer bildet heute eine Familie? – Die neuen Formen eines Familienlebens*	47
Endlostext	*Herrschaft über die Natur oder wer beherrscht die Welt?*	48
Impulskarten	*Was bedeutet für dich Glück?*	49
Karikatur	*„Ätzend, überall diese Armut!!"*	51
Liedtext	*Rollenbilder und Vorurteile über Mann und Frau*	53
Lückentext	*Ein Urteil fällen – Wie mündig sind wir?*	54
Mindmapping	*Religionen kennenlernen*	56
Provokante Aussagen	*„Wo ist unser Bewusstsein geblieben?"*	57
Talkshow	*„Forever Young" – Der Schönheitswahn*	58
Überraschungssack	*Deutschland – Weltmeister des Mülls!*	60
Wer bin ich?	*Die großen griechischen Philosophen, am Beispiel von Sokrates*	62
Wortfüllung	*(Gewaltloser) Widerstand*	63

Die Methoden sind auch in anderen Jahrgangsstufen anwendbar. Die Themen entsprechen jedoch immer der angegebenen Doppeljahrgangsstufe.

Vorwort

Auf die reine Gier zum Dasein gründet sich die Ethik.
(Friedrich Wilhelm Nietzsche, 1844–1900)

Für viele Schüler*innen ist das Fach „Ethik“ keine freie Wahl, sondern nur die gezwungene Alternative zum Fach Religion. Deshalb sind wir als Ethiklehrer*innen aufgerufen und nicht nur verpflichtet, unseren Schüler*innen zu zeigen, dass Ethik interessant, spannend, alltagsnah und manchmal auch witzig sein kann. Denken wir nur an die Versuche und Gleichnisse der alten Philosophen.
Als Lehrer*in sollte man sich immer einen spannenden und alltagsnahen Einstieg in den Unterricht überlegen, der die Schüler*innen für das abstrakte Fach gewinnen lässt. Je nach Bundesland wird das Fach „Ethik“ bereits ab der Klassenstufe 5 unterrichtet. Ich habe die Lehrpläne der verschiedenen Bundesländer für die Erarbeitung dieses Buches als Grundlage herangezogen.
Der Einstieg oder die Einstiegsphase einer Unterrichtsstunde sollte alle Schüler*innen motivieren und dazu führen, dass sie sich mit den Inhalten auseinandersetzen. In diesem Buch finden Sie zu allen wichtigen Teilbereichen des Faches „Ethik“, geordnet nach Doppeljahrgangsstufen, Einstiege, die Sie genau so übernehmen oder bei Bedarf für Ihre Klasse abändern können. Des Weiteren finden Sie Tipps und auch Varianten, die Ihnen weitere Möglichkeiten eröffnen. Größtenteils enthalten die Einstiege auch Materialien.
Dieser Band ist selbstverständlich nur als eine Anregung zu verstehen, da eine Stunde nicht nur vom Einstieg lebt, sondern einen gut abgestimmten Unterrichtsverlauf benötigt. Die Ideen und die Methoden sollen als nützliche Hilfestellung für den Alltag dienen und Ihnen das Unterrichten ein wenig erleichtern.

Ich wünsche Ihnen viel Spaß und Erfolg!

Heiko Hecker

Ampelspiel

Methode geeignet	ab Klasse 5
Stundenthema	Wie wichtig ist die Familie?
Vorbereitung	je Schüler*in eine rote und eine grüne Karte vorbereiten
Methode und Nutzen	Die Schüler*innen werden durch diese Methode zur persönlichen Stellungnahme aufgefordert. Das Meinungsbild kann dadurch visualisiert werden.

Möglicher Ablauf

- Jede*r Schüler*in erhält je eine rote und eine grüne Karte.
- Die Farbe Grün bedeutet „Ich stimme zu!" und die Farbe Rot bedeutet „Ich stimme nicht zu!"
- Jede*r Schüler*in soll gleich je nach Standpunkt die entsprechende Karte hochhalten.
- Lesen Sie passende Aussagen zum Stundenthema vor, z. B.:
  - „Familien müssen eine höhere Wertschätzung bekommen."
  - „Gemeinsame Mahlzeiten sind für eine Familie wichtig."
  - „Kinder brauchen eine intakte Familie."
  - „Kinder brauchen eine Umgebung, in der sie spielen dürfen."
- Jede*r Schüler*in entscheidet sich für einen Standpunkt und damit für eine der beiden Karten, die er*sie hochhält.
- Ausblick auf den weiteren Stundenverlauf: Nach einer genaueren Betrachtung der Aussagen folgt die Besprechung der einzelnen Punkte. Im Weiteren werden die verschiedenen Aussagen aufgegriffen und näher diskutiert.

Tipp	Diese Methode ist grundsätzlich für jedes Thema geeignet.
Varianten	Die Schüler*innen können zusätzlich eine gelbe Karte erhalten, mit dieser drücken sie einen ausgewogenen Standpunkt aus. Die Schüler*innen können in Gruppen eingeteilt werden. Die Gruppe gibt je eine Farbkarte (Stimmung) ab. Sie können einzelne Schüler*innen ihre Antwort begründen lassen. Hierfür können Sie schwächeren Schüler*innen Formulierungshilfen geben. Sie können Tippkarten anfertigen und Schüler*innen damit helfen, beim Argumentieren Fortschritte zu machen.

Assoziationskette

Methode geeignet	ab Klasse 5
Stundenthema	Feste in den Religionen
Vorbereitung	keine
Methode und Nutzen	Förderung des kreativen Denkens, Sammeln von Assoziationen, Strukturierung und Klärung von Fachbegriffen.

Möglicher Ablauf

- Nennen Sie das Stundenthema „Feste in den Religionen“ und die Schüler*innen beginnen, ohne Gespräch vorab, Begriffe zu nennen, die ihnen dazu einfallen.
- Anschließend werden die Begriffe sortiert und systematisiert.
- Bei Bedarf werden die Begriffe nun er- und geklärt.
- Im Anschluss an das „Feste in den Religionen“ bietet es sich an, „Feste im Jahreskreis“ zu thematisieren.

Tipps	▪ Achten und beachten Sie jede Schüler*innenantwort, indem Sie diese festhalten und notieren. ▪ Fragen, Anmerkungen oder Bemerkungen sollten Sie aufschreiben und am Ende besprechen. ▪ Zur eigenen Entlastung können Sie ein oder zwei Schüler*innen damit beauftragen, die unklaren Begriffe schriftlich als Protokoll festzuhalten.
Varianten	▪ Sie können diese Methode auch als Gruppenarbeit durchführen lassen. In einem zweiten Schritt werden dann die Ergebnisse zusammengetragen. ▪ Für schwächere Schüler*innen könnten Sie Tippkarten anfertigen, um diese zu unterstützen.

Basar

Methode geeignet	ab Klasse 5
Stundenthema	Mein Name gehört zu mir – Wer bin ich?
Vorbereitung	Schlüsselanhänger mit Namen, Fotos von Kleinkindern oder Babys mitbringen (mehr als in Anzahl der Schüler*innen), ggf. von den Schüler*innen mitbringen lassen
Methode und Nutzen	Das kreative Denken wird gefördert. Die Schüler*innen teilen ihre persönlichen Erfahrungen der Klasse mit. Des Weiteren lernen die Schüler*innen sich besser kennen.

Möglicher Ablauf

- Breiten Sie die mitgebrachten Gegenstände aus.
- Fordern Sie die Schüler*innen auf, sich einen Gegenstand auszusuchen.
- Die Schüler*innen stellen ihren Gegenstand kurz vor und erzählen, was er mit ihnen selbst zu tun hat.

Tipp	▪ Fertigen Sie Formulierungshilfen (siehe unten) für die Klasse zur Einübung an, oder für schwächere Schüler*innen und Schüler*innen mit Migrationshintergrund.
Varianten	▪ Sie können die Schüler*innen bitten, dass sie nicht eindeutig zuzuordnende Gegenstände mitbringen und die Klasse erraten muss, wem diese gehören. Hier wird vorausgesetzt, dass kein*e Schüler*in die entsprechenden Gegenstände zuvor sieht.

Material/Formulierungshilfen

- „Ich habe mich für (Name des Gegenstandes) entschieden."
- „Ich habe (Name des Gegenstandes) ausgewählt."
- „Mit (Name des Gegenstandes) verbinde ich …"
- „Mit (Name des Gegenstandes) assoziiere ich …"

Bilderbuffet

Methode geeignet	ab Klasse 5
Stundenthema	Familie im Wandel – Patchworkfamilien auf dem Vormarsch
Vorbereitung	je Schüler*in zwei bis vier Bilder bereitstellen, die neutral zum Thema stehen (wenn möglich kein direkter Bezug!); evtl. Formulierungshilfen für die schwächeren Schüler*innen vorbereiten; einen großen Tisch organisieren oder mehrere Tische zusammenstellen
Methode und Nutzen	Die Schüler*innen müssen ihre Auswahl begründen, Förderung der Bildbeschreibung, Förderung der Assoziationsfähigkeit

Möglicher Ablauf

- In einem ersten Schritt bitten Sie die Schüler*innen, sich um den Tisch (bzw. die Tische) zu stellen und die Bilder zu betrachten.
- Etwa eine Minute lang schauen sie sich die Motive an.
- Die Schüler*innen bekommen den Auftrag, sich ein Bild auszusuchen und zu merken, es jedoch nicht anzufassen oder mitzunehmen.
- Sollte wenig Platz vorhanden sein, stellen sich die Schüler*innen, die sich bereits entschieden haben, an den Rand, damit die anderen mehr Platz haben.
- Im Folgenden stellt jede*r einzelne Schüler*in das ausgewählte Bild im Plenum / in der Klasse vor. Bei der Vorstellung muss eine kurze Begründung erfolgen. Die Reihenfolge der Vorstellung kann frei oder alphabetisch nach Namen festgelegt werden. Achten Sie auf eine schnelle Durchführung.
- Notieren Sie sich selbst die wichtigsten Begründungen, die Schüler*innen sollen sich jeweils Schlagworte merken, die später an der Tafel festgehalten werden.

Tipps	▪ Die vorbereiteten Bilder sollten Sie in Klarsichthüllen stecken oder, wenn möglich, laminieren, damit Sie diese mehrfach verwenden können. ▪ Erstellen Sie Tippkarten mit Formulierungshilfen, die nicht nur für schwächere Schüler*innen eine Hilfestellung sein könnten. Diese Tippkarten können auch Schüler*innen mit Migrationshintergrund unterstützen.
Variante	▪ Die Auswahl der Bilder könnten die Schüler*innen in Gruppen vornehmen, damit sich diese bereits im Vorfeld Gedanken machen und sich auf zwei bis vier Bilder einigen müssen.

Büchertisch

Methode geeignet	ab Klasse 5
Stundenthema	Religiöse Erzählungen am Beispiel des Judentums
Vorbereitung	Bücher zum Judentum und über jüdische Erzählungen mitbringen
Besonderer Nutzen	Förderung der Rechtschreibung, Kontextualisierung, kreatives Erzählen

Möglicher Ablauf

- Sie legen die mitgebrachten Bücher und Texte auf einem Tisch vor dem Pult aus. Eine Alternative ist, dass Sie das Pult dafür nutzen.
- Die Schüler*innen erhalten nun die Möglichkeit, sich die bereitliegenden Materialien anzuschauen
- Die Schüler*innen können sich hier bereits austauschen.
- Im Anschluss werden die „Entdeckungen" aus den Büchern im Plenum vorgetragen.
- Die wichtigsten Punkte scllten auf der Tafel, auf einem Plakat oder in einem Protokoll festgehalten werden.

Tipps	▪ Sie können besonders leistungsstarken Schüler*innen kleine Filme oder Podcasts zur Verfügung stellen. ▪ Sie können schwächere Schüler*innen zusätzlich Erklärungen an die Hand geben.
Variante	▪ Sie könnten kleinere Zusammenfassungen inhaltlicher Art zur Verfügung stellen und die Schüler*innen ordnen diese den entsprechenden Büchern zu.

Elfchen

Methode geeignet	ab Klasse 5
Stundenthema	Meine Stärken
Vorbereitung	ein Elfchen schreiben
Methode und Nutzen	Anregung der Kreativität und Einübung des eigenen Vortrags

Möglicher Ablauf

- Sie lesen Ihr Elfchen vor.
- Sie erklären den Aufbau eines Elfchens:
  - Ein Elfchen besteht aus elf Wörtern, die auf fünf Zeilen verteilt sind.
  - In der 1. Zeile steht ein Wort.
  - In der 2. Zeile stehen zwei Wörter.
  - In der 3. Zeile stehen drei Wörter.
  - In der 4. Zeile stehen vier Wörter.
  - In der 5. Zeile steht ein Wort.
- Die Schüler*innen bekommen fünf Minuten Zeit, um eigene Elfchen zu schreiben.
- Durch die Regeln für Elfchen sind die Schüler*innen gezwungen, die Aspekte zu einem Thema zu reduzieren.
- Die Elfchen werden in der Klasse vorgestellt.
- Ausblick auf den weiteren Stundenverlauf: Die Elfchen dienen als Grundlage zur Diskussion über das Thema „Meine Stärken". Sie können hier selbst die Diskussionsleitung übernehmen oder eine*n Schüler*in auswählen. Die Schüler*innen sollen so dafür sensibilisiert werden, dass jeder Mensch Stärken besitzt.

Tipp	▪ Die Elfchen können Sie im Klassenzimmer aushängen und mit passenden Bildern versehen.
Varianten	▪ Sie können die Klasse in Gruppen mit unterschiedlichen Themen einteilen und gegeneinander antreten lassen. ▪ Sie könnten ein Negativ-Elfchen verfassen und den Schüler*innen die Aufgabe geben, daraus ein positives Elfchen zu schreiben. ▪ Sie geben einzelne Wörter in einzelnen Zeilen vor und erhöhen damit die Schwierigkeit.

Material/Beispiel

Ich

Bin ICH!

Groß, stark, selbstbewusst!

Keiner kann mich einschüchtern!

Selbstbewusst!

Ideentisch

Methode geeignet	ab Klasse 5
Stundenthema	„Unsere Schule braucht mehr Nachhaltigkeit“ – Klimaschutz
Vorbereitung	Tisch in die Mitte des Raumes stellen – z. B. das Pult; soll der Tisch fest etabliert werden, einen anderen Tisch auswählen; einen oder mehrere Gegenstände mitbringen, die sich mit dem Themenkreis „Nachhaltigkeit“ verbinden lassen
Methode und Nutzen	Diese Methode kann über die komplette Unterrichtsreihe genutzt werden, dadurch bleibt das Thema den Schüler*innen immer vor Augen.

Möglicher Ablauf

- Breiten Sie die mitgebrachten Gegenstände auf dem Tisch aus.
- Teilen Sie den Schüler*innen das Thema bzw. Ihr Vorhaben mit. „Ich habe mir überlegt … / Meine Kolleginnen und Kollegen und ich haben uns überlegt, dass unsere Schule dringend mehr Nachhaltigkeit braucht. Wo kann jeder und jede einzelne etwas für mehr Nachhaltigkeit tun, ohne unbedingt in im Lebenswandel eingeschränkt zu werden? Deshalb dachten wir Lehrerinnen und Lehrer uns, dass …“
- Sammeln Sie mit den Schüler*innen gemeinsam Wege, wie das Thema Nachhaltigkeit auch ohne großen Aufwand umgesetzt werden könnte.
- Fordern Sie die Schüler*innen auf, sich mit ihren Eltern darüber auszutauschen.
- Ausblick auf den weiteren Stundenverlauf:

Tipp

- Wenn Sie mit Ihrer Klasse den Tisch als feste Einrichtung in der Klasse etablieren möchten, sollten Sie sich mit den Schüler*innen darauf einigen, ob die Gegenstände als reale Gegenstände darauf liegen oder ob Platzhalter an der Stelle ausgebreitet werden. (Hier würden sich Karteikarten mit dem jeweiligen Begriff besonders gut eignen. Eine bessere Form wäre, den Begriff durch eine Abbildung zu ergänze. Hier könnte man das Fach Kunst miteinbinden.)

Varianten

- Sie können mit den Schüler*innen feste Termine für die Ergebnisse ausmachen. Hier eignen sich besonders gut Klassenrats- oder PerLe-Stunden. In diesen Stunden können das Erreichte und das noch zu Erreichende besprochen werden. Des Weiteren könnten dann die Aufgabenverteilung und die Planung besprochen werden.
- Sie können aus dem „Ideentisch“ einen Wettbewerb machen, indem das Projekt über die Jahrgangsstufe oder sogar über die gesamte Schule ausgeweitert wird.

Internetrecherche

Methode geeignet	ab Klasse 5
Stundenthema	Was heißt Freundschaft?
Vorbereitung	Material für alle kopieren, Computer mit Internetzugang
Besonderer Nutzen	Förderung der Rechtschreibung, Klärung inhaltlicher Begriffe, Suchstrategien einüben, Differenzierung von (Internet-)Quellen

Möglicher Ablauf

- Geben Sie den Schüler*innen eine kurze Einführung in die Anwendung von Suchmaschinen. Legen Sie den Fokus vor allem auf die Eingabe und Verwendung der richtigen Schlüsselbegriffe.
- Die Schüler*innen beginnen mit der Internetrecherche und suchen geeignete Informationen.
- Die Vorstellung der Ergebnisse liefert wichtige Impulse für die Weiterarbeit an diesem Thema.

Tipp	▪ Sie können schwächeren Schüler*innen als Hilfe für die Recherche enger leiten, indem Sie Hilfskarten mit Internetseiten bereitstellen. ▪ Sie können Tippkarten mit Formulierungshilfen für eine gezieltere Suche bereitstellen, wenn Sie sehen sollten, dass eine Abgrenzung für Schüler*innen zu schwer sein sollte.
Varianten	▪ Sie lassen die Schüler*innen zu Hause recherchieren und die Ergebnisse zu Stundenbeginn präsentieren. ▪ Sie teilen die Schüler*innen in Gruppen ein und lassen verschiedene Aspekte beleuchten.

Material

Internetrecherche

Gesucht von: ______________________

Thema: ______________________

Fragestellung für die Recherchearbeit: ______________________

____

____

Suchbegriff(e): ______________________

____

____

Internetadresse: ______________________

____

____

Beschreibung des Inhalts: ______________________

____

____

____

____

____

____

____

Kopfstand

Methode geeignet	ab Klasse 5
Stundenthema	Neugier und Wissensdurst
Vorbereitung	Karten, Stifte, Pinnwand oder Flipchart
Besonderer Nutzen	Gemeinsam Probleme formulieren, neue Sichtweisen erkennen und kennenlernen

Möglicher Ablauf

- Sie teilen den Schüler*innen eine Fragestellung mit, z. B. „Warum sollen wir Medikamente für alle Krankheiten erforschen oder erfinden?"
- Die Schüler*innen kehren die Fragestellung entweder alleine ins Gegenteil oder Sie und die Schüler*innen tun dies gemeinsam.
- Sie teilen Karten und Stifte aus. Die Fragen werden auf die Karten geschrieben.
- Die Schüler*innen schreiben ihre Gedanken auf die übrigen Karten.
- Die Schüler*innen heften oder kleben ihre Karten unsortiert an die Pinnwand.
- Im Anschluss werden die Karten kurz besprochen und systematisiert angeordnet.
- Die Schüler*innen müssen nun die Fragen auf den Karten ins Gegenteil umkehren.
- Nach der Umkehrung sollen die Schüler*innen ein Brainstorming zur Lösung der neuen Fragestellung durchführen. Die Lösung wendet man auf die Ausgangsfrage an.

Tipp	▪ Sie können für schwächere Schüler*innen Teilaspekte vorgeben.
Variante	▪ Sie können die Fragen vorgeben und die Schüler*innen formulieren diese um.

Kugellager

Methode geeignet	ab Klasse 5
Stundenthema	Wo liegt der Unterschied zwischen Erfolg und Misserfolg?
Vorbereitung	keine
Besonderer Nutzen	Diverse Sichtweisen kennenlernen, Ideen entwickeln, Diskussionen führen, Förderung der Kommunikation

Möglicher Ablauf

- Sie bilden aus Ihrer Klasse zwei gleich große Kreise (Innen- und Außenkreis). Je zwei Schüler*innen stehen einander gegenüber.
- Sie geben ein Thema vor.
- Alle Schüler*innen diskutieren mit ihrem Gegenüber über das vorgegebene Thema innerhalb einer festgelegten Zeit, etwa ein bis zwei Minuten.
- Die Schüler*innen im Außenkreis rücken um eine Person weiter.
- Das Gespräch beginnt nun erneut mit dem jeweiligen neuen Gegenüber.
- Der Außenkreis dreht sich so lange, bis alle Teilnehmer der jeweiligen Kreise miteinander gesprochen haben.

Tipp

- Sie fassen die wichtigsten Inhalte der Gespräche kurz an der Tafel bzw. dem Whiteboard zusammen oder die Schüler*innen machen sich eigenständig Notizen, damit die Inhalte der einzelnen Gespräche im Anschluss gewürdigt werden.

Varianten

- Sie können auch Dreier- oder Vierer-Kreise bilden lassen. Achten Sie auf die Drehung der Kreise.
- Diese Methode eignet sich nicht nur für neue Themen, sondern auch für den Hausaufgabenaustausch.
- Vorstellbar wäre auch, dass Sie nur einem der Kreise das Rederecht erteilen

Prioritätenliste

Methode geeignet	ab Klasse 5
Stundenthema	Moral und moralische Vorstellungen
Vorbereitung	Arbeitsblatt mit einer Nummerierung von 1 bis 10 erstellen
Besonderer Nutzen	Einbeziehung der Schüler*innen in die Unterrichtsplanung, die Schüler*innen erkennen das Dilemma im Bereich Moral

Möglicher Ablauf

- Die Schüler*innen erhalten ein Arbeitsblatt mit Nummern oder Sie lassen es die Schüler*innen selbst erstellen.
- Sie teilen die Schüler*innen in Kleingruppen ein.
- Die Kleingruppen erstellen nun eine gemeinsam eine Liste, die sie in Prioritäten einordnen.
- Die einzelnen Gruppen tragen ihre Prioritätenliste im Plenum vor.
- Sie erstellen gemeinsam eine Rangliste.

Tipp	Sie können für schwächere Schüler*innen eine Auswahl für eine Top 3 oder 5 vorgegeben.
Varianten	Sie können die Schüler*innen zu Beginn erst eine persönliche Rangfolge erstellen lassen und im Anschluss eine Gruppenprioritätenliste. Sie können einen Wettbewerb aus der Erstellung der Prioritätenliste machen.

Wortsalat

Methode geeignet	ab Klasse 5
Stundenthema	Wahrheit und Wirklichkeit
Vorbereitung	pro Schüler*in fünf bis zehn Zettel mit Begriffen zum Thema (siehe unten)
Besonderer Nutzen	Förderung der Rechtschreibung, Klärung inhaltlicher Begriffe, kreatives Erzählen

Möglicher Ablauf

- Sie bilden Gruppen mit jeweils vier Schüler*innen.
- Jede*r Schüler*in erhält die gleiche Anzahl an Zetteln mit Begriffen zum Thema.
- Jede*r Schüler*in hält in seiner*ihrer Gruppe einen kleinen Vortrag. Darin müssen alle Worte Verwendung finden.
- Die Gruppen entscheiden sich für einen der Vorträge, der im Plenum vorgestellt wird.

Tipp	▪ Sie können besonders leistungsstarke Schüler*innen selbst solche Wortsalate erstellen lassen, die für den schwächeren Schüler*innen als Hilfe für die Erarbeitung der einzelnen Aufgaben dienen können.
Varianten	▪ Eine Mischung aus abstrakten Nomen und realen Ereignissen wäre bei stärkeren Klassen machbar. ▪ Sie könnten die Schüler*innen einen Teil Zettel mit den Begriffen aus einem Beutelchen oder einem Gefäß ziehen lassen.

Material/Beispiele

Wahrheit **Lüge**

Wirklichkeit **Schein**

Urteil **Zweifel/anzweifeln**

Vertrauen

Zauberstab

Methode geeignet	ab Klasse 5
Stundenthema	Meine Stärken
Vorbereitung	sich Begriffe, die zum Stundenthema passen, überlegen (siehe unten)
Besonderer Nutzen	Optische Serialität und Schulung der Konzentrationsfähigkeit der Schüler*innen

Möglicher Ablauf

- Schreiben Sie die Buchstaben Ihres Begriffes, der zum Stundenthema überleitet, in ungeordneter Reihenfolge an die Tafel bzw. das Whiteboard.
- Die Schüler*innen bringen die ungeordneten Buchstaben in die richtige Reihenfolge.
- Ausblick auf den weiteren Stundenverlauf: Besprechen Sie den richtig geschriebenen Begriff oder auch mehrere Begriffe mit den Schüler*innen und es wird erfragt, ob und inwieweit diese bereits Wissen über ihre eigenen Stärken haben.

Tipp	Für besonders leistungsstarke Klassen können Sie auch zwei oder drei Begriffe zum Stundenthema an die Tafel schreiben.
Varianten	Die Klasse wird in zwei Gruppen geteilt und aus dem Stundeneinstieg wird ein kleiner Wettkampf. Die Gruppen stellen selbst die Begriffe zusammen und die jeweils andere Gruppe muss diese erraten.

Material/Beispiele

STÄRKEN	**TÄRNSKE**
SPORTLICH	**PSHLCORTI**
MUSIKALISCH	**MUIKSCLHASI**
KÜNSTERLISCH	**SCIHREÜNSTKL**

ABC-Methode

Methode geeignet	ab Klasse 7
Stundenthema	Armutszuwanderung
Vorbereitung	Material für alle kopieren oder die Schüler*innen selbst erstellen lassen
Methode und Nutzen	Schüler*innen setzen sich mit dem Stundenthema assoziativ aus.

Möglicher Ablauf

- Schreiben Sie Begriff „Arbeitszuwanderung“ (Oberbegriff) an die Tafel oder auf eine Folie für den OHP.
- Die Schüler*innen sollen in Partner- oder Gruppenarbeit die Buchstaben des Alphabets als Anfangsbuchstaben für die Wörter verwenden, die sie mit dem Oberbegriff in Verbindung bringen können.
- Die Kleingruppen verwenden dafür die Arbeitsblätter und ernennen je eine*n Zeitwächter*in.
- Die Ergebnisse aller Kleingruppen werden im Anschluss an der Tafel gesammelt. Achten Sie darauf, dass jede Gruppe einen Beitrag leistet!
- Bei zu unterschiedlichen Ergebnissen sollten Sie sich die Zeit für Diskussionen nehmen. Hier kann es durchaus mehrere richtige Lösungen geben.
- Es ist aber darauf zu achten, dass die Schüler*innen nicht in „Stammtischparolen“ verfallen!
- Ausblick auf den weiteren Stundenverlauf: Nach einer genaueren Analyse der Ergebnisse zu dem Thema Armutszuwanderung wird auf ein konkretes Beispiel für die Armutszuwanderung der Menschen vom Westbalkan eingegangen. Die Schüler*innen sollen die Beweggründe und die Folgen für den Staat in den folgenden Stunden erarbeiten.

Tipps	▪ Das Thema „Armutszuwanderung“ wird häufig mit dem Thema „Asyl“ vermischt und müsste deshalb differenziert werden! ▪ Zum Abschluss der Unterrichtseinheit soll die Lerngruppe zu jedem Buchstaben mehrere Beispiele haben und in den Kontext setzen können.
Variante	▪ Die Liste kann im Lauf der Unterrichtseinheit vervollständigt und ergänzt werden.

Material/Beispiele

A Armut – Arbeitslosigkeit – Asyl – Asylanten

B Bulgarien – Betrug

C Chancen

D Demütigung – Diebstahl

E Einbürgerung – Einbruch

F Flucht – Freizügigkeit

G Gnade – Großzügigkeit

H Hoffnung – Heimat

I Illusion

J Jammer

K Kindergeld – Kummer

L Leistungsanspruch

M Migration – Migranten – Muttersprache

N Not – Notunterkunft

O Opfer

P Parallelgesellschaft – Paragraph

Q Qualifikation

R Rumänien

S Schicksal – Sozialhilfe – Schule

T Toleranz – Transferleistungen

U Umverteilung – Ungerechtigkeit

V Verallgemeinerung – Verteilungskampf

W Wut – wurzellos

X x-te Chance geben/haben

Y YouTube-Filme

Z Zuwanderung – Zynismus – Zukunft

Bildbeschreibung und Assoziation

Methode geeignet	ab Klasse 5
Stundenthema	Armut und Reichtum
Vorbereitung	für OHP/Dokumentenkamera Bild bzw. Bilder passend zum Thema heraussuchen, z. B. KaDeWe, Einkaufsstraße einer deutschen Großstadt (Königsstraße/Stuttgart, Zeil/Frankfurt, Schildergasse/Köln) oder gegenteilige Bilder, die von Armut oder schlechten Wohnbedingungen zeugen oder das Bild auf der Materialseite nutzen
Methode und Nutzen	Durch die Bildbeschreibung und die kombinierte Assoziation soll bei den Schüler*innen eine Verknüpfung im Gehirn stattfinden

Möglicher Ablauf

- Legen Sie das Bild (bzw. die Bilder) als stummen Impuls auf den OHP oder nutzen Sie eine Dokumentenkamera.
- Geben Sie den Schüler*innen den Arbeitsauftrag, sich über das Bild Gedanken zu machen.
- Schwachen Schüler*innen könnten Sie noch zusätzlich das Arbeitsblatt mit kleinen Formulierungshilfen geben, die beim Vortragen als Ausgleich dienen.
- Der Lehrer stellt die Frage, was die Schüler*innen auf dem Bild sehen.
- Überleitung zur eigentlichen Fragestellung: „Wie können wir einen Ausgleich zwischen Armut und Reichtum schaffen?“
- Ausblick auf den weiteren Stundenverlauf: „Arbeit, um zu überleben?“

Variante	▪ Die Schüler*innen bekommen zusätzlich den Lückentext zu der Abbildung bzw. können Hilfekarten bekommen. ▪ Sollten Sie in Ihrem Klassenzimmer über einen Beamer verfügen, könnten Sie auf Zuruf Ihrer Schüler*innen Bilder aus dem Internet von bekannten Einkaufspassagen, Einkaufsstraßen oder bekannten Modellabels zeigen.
Hausaufgabe	▪ Die Schüler*innen sollen eine Recherche zu dem durchschnittlichen Lohnniveau und dem durchschnittlichen Mietniveau anstellen.

Material/Formulierungshilfen

Motiv der Plakat-Kampagne des Sozialverbands VdK im Jahr 2008 zur Kinder- und Altersarmut

Formulierungshilfen für die Schüler*innen:

Das Bild mit dem Titel „ ______________________ “ aus/erschienen ______________

zeigt ____

Durch die Gestaltung/Anordnung wird deutlich, dass ______________________

____

____

____

Durch die Gestaltung erkennt man, dass ______________________________

____

Buchstaben-Spiel

Methode geeignet	ab Klasse 7
Stundenthema	Konflikte gewaltfrei lösen
Vorbereitung	keine
Methode und Nutzen	Schüler*innen aktivieren Wissen und fördern Verständigungskompetenz

Möglicher Ablauf

- Sie losen einen Buchstaben aus.
- Sie geben einen Oberbegriff vor, zu dem die Schüler*innen die Wörter finden müssen! Die Wörter müssen mit dem festgelegten Buchstaben beginnen!
- Sie messen eine vorab festgelegte Zeit (ca. 3 Minuten) mit der Stoppuhr, während die Schüler*innen jeweils möglichst viele Wörter zu dem vorgegeben Oberbegriff aufschreiben.
- Ausblick auf den weiteren Stundenverlauf: Sie teilen die Klasse in Gruppen ein. Den einzelnen Gruppen weisen Sie Begriffe zu, die diese herausarbeiten. Die Gruppen könnten „ihre" Begriffe in einzelnen Vorträgen der Klasse erklären oder Sie erstellen mit der Klasse eine Art von Glossar zu dem Thema.
- Ausblick aus den weiteren Stundenverlauf: „Welche Rolle übernimmt ein Streitschlichter?" Eine andere Fragestellung wäre z. B. „Welche Konflikttypen gibt es?"

Tipp	Ein*e Schüler*in nennt eine Zahl zwischen 1 und 26, so wird der Buchstabe ermittelt.
Variante	Die Schüler*innen können als Hausaufgabe die Begriffe recherchieren und in einem kurzen Vortrag erklären, wenn nötig.

Material: Beispiele

- **Buchstabe K – Oberbegriff:** Konflikte gewaltfrei lösen – Kompromisse – Konflikte – Kommentare – Kampf – Konfliktpartner – Konfliktgeschichten – Körper – Kumpel …
- **Buchstabe G – Oberbegriff:** Gewalt – Gruppen – Gruppenchat – Gewaltsituation – Gruppenzwang – Gleichberechtigung – Gruppenzugehörigkeit …

Dialog

Methode geeignet	ab Klasse 7
Stundenthema	Ethikunterricht für alle?
Vorbereitung	Dialog für zwei oder mehr Schüler*innen erstellen oder Dialogkarten für einen freien Austausch kopieren (siehe Material)
Methode und Nutzen	Rede- und Präsentationskompetenzförderung für die Schüler*innen, die den Dialog vortragen

Möglicher Ablauf

- Sie wählen die Schüler*innen für den Dialog aus.
- Die Schüler*innen bekommen Vorbereitungszeit. Ggfs. haben sie das Material bereits in der Stunde davor bekommen und sich als Hausaufgabe vorbereitet.
- Die Schüler*innen führen den Dialog vor der Klasse auf.
- Wichtige Sprechbeiträge während des Dialogs werden an der Tafel oder auf Plakaten festgehalten, damit zu einem späteren Zeitpunkt nochmals darauf eingegangen werden kann.
- Ausblick auf den weiteren Stundenverlauf: Nach genauerer Analyse der Argumente wird zur Frage „Brauchen wir in der heutigen Zeit noch den klassischen Religionsunterricht?" hingeführt. Immer mehr Schüler*innen sind nicht mehr im herkömmlichen Sinne gläubig.

Tipps

- Sie könnten einzelnen Schüler*innen Beobachtungsaufträge während des Dialoges geben.
- Sie könnten verschiedene Beobachtungsaufträge an die Schüler*innen während des Dialoges geben.

Material / Beispiele für die Lehrkraft

Die Schüler*innen erhalten eine oder zwei Karten, auf der/denen der Beginn des Dialoges vorgeschrieben ist.

Dialogkarte 1 – Rollenbeschreibung
Du bist in der 7. Klasse und besuchst den Religionsunterricht. Von zu Hause hast du eine starke christliche Prägung mitbekommen. Für dich kommt es nicht in Frage in den Ethikunterricht zu wechseln und dafür das Fach Religion aufzugeben.

Dialogkarte 2 – Rollenbeschreibung
Du bist eine junge Frau, die mit der Kirche und dem Christentum nichts anfangen kann, deshalb ist dein Auftreten sehr ablehnend und kühl.

Dialogkarte 3 – Rollenbeschreibung
Du bist ein junger Mann im Alter von 24 Jahren, studierst Theologie und dein Berufsziel ist es Pfarrer zu werden. Es ist für dich nicht nachvollziehbar, dass der Religionsunterricht aus dem regulären Schulalltag verschwinden soll. Für dich sind die Befürworter weltfremde Menschen, die sich nicht zu den Wurzeln Europas bekennen wollen.

Fishbowl

Methode geeignet	ab Klasse 7
Stundenthema	Gebührenfreie Sport- und Musikvereine für alle?
Vorbereitung	Gedanken machen, wer welche Rolle bei der Methode einnimmt
Methode und Nutzen	Die Schüler*innen lernen frei zu sprechen und zu diskutieren sowie ihre Meinung kontrovers vorzutragen.

Möglicher Ablauf

- Sie teilen die Klasse in Kleingruppen mit vier bis sechs Schüler*innen ein.
- Die Kleingruppen werden in die einzelnen Kreise eingeteilt!
- Jede Gruppe wählt oder bestimmt einen Gruppensprecher, der später in den Innenkreis des Fishbowl geht.
- Die Ergebnisse werden von den Mitgliedern des Innenkreises diskutiert.
- Sie übernehmen selbst die moderierende Rolle oder bestimmen eine*n Schüler*in der Klasse.
- Verschriftlichen Sie Ergebnisse aus der Diskussion an der Tafel, damit im Anschluss damit gearbeitet werden kann.
- Die Mitglieder des Außenkreises beobachten, können sich jedoch jederzeit beteiligen.
- Innerhalb des Innenkreises steht ein leerer Stuhl, auf dem die Schüler*innen des äußeren Kreises Platz nehmen können, wenn sie zu einzelnen Punkten etwas beitragen möchten.
- Ausblick auf den weiteren Stundenverlauf: Nachdem die Schüler*innen wieder ihre ursprüngliche Sitzordnung eingenommen haben, damit Sie gemeinsam mit der Klasse daran arbeiten können.

Tipps	- Die Rolle des Moderators bzw. der Moderatorin könnte durch einen Zuruf wechseln. - Sie könnten das „Spiel" mit einer Videokamera aufnehmen und den Schüler*innen später vorspielen. - Sie könnten Schüler*innen aus anderen Klassen als Zuschauer*innen einladen, um den Ablauf zu kommentieren.
Variante	- Sie könnten die Klasse in zwei Gruppen aufteilen und parallel die Methode durchführen. Hier wäre es sinnvoll, wenn Sie je Gruppe einen bis zwei Schriftführer bestimmen.

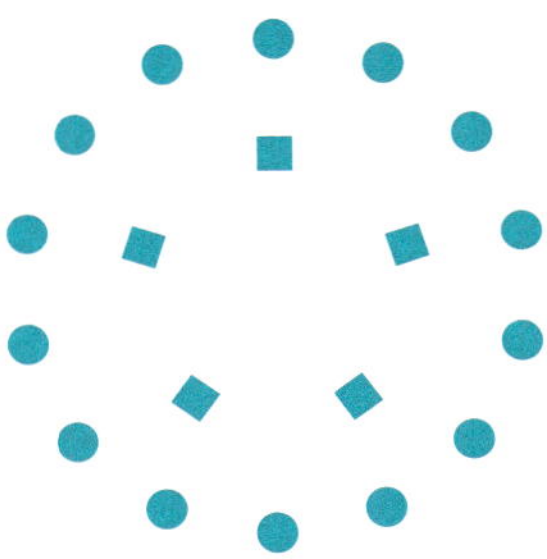

Kursbarometer

Methode geeignet	ab Klasse 5
Stundenthema	Der gläserne Mensch – Welche Daten geben wir von uns preis?
Vorbereitung	Schilder mit „Ja, ich stimme der Aussage zu!", „Nein, ich stimme der Aussage nicht zu!", „Ich, kann keiner der beiden Aussagen zustimmen!" kopieren und laminieren (siehe unten)
Methode und Nutzen	Die Schüler*innen müssen sich klar zu einer Aussage positionieren und dazu in einem weiteren Schritt Stellung nehmen.

Möglicher Ablauf

- Verteilen Sie die drei laminierten Aussagen im Klassenraum.
- Den Schüler*innen erklären Sie das Vorgehen.
- Sie lesen die Fragen selbst vor oder übergeben diese Aufgabe einem*einer der Schüler*innen.
- Die Schüler*innen nutzen für die Beantwortung der Fragen die laminierten Schilder, indem in den jeweiligen Bereich des Klassenzimmers gehen.
- Die Schüler*innen geben Antworten und begründen diese kurz.
- Im Anschluss sollten die Antworten, sprich die jeweiligen Zahlen/Ergebnisse je Frage, thematisiert werden.

Tipps	▪ Die jeweiligen Antworten der Schüler*innen sollten stichwortartig aufgeschrieben werden, damit diese im Anschluss eindeutig ausgewertet werden können. ▪ Die Schüler*innen sollten ihre Position begründen, und dafür könnten ihnen Formulierungshilfen an die Hand gegeben werden. ▪ Sie könnten zwei Schriftführer*innen benennen, damit keine Schülerantworten verloren gehen.
Variante	▪ Die Klasse könnte nach Geschlecht in zwei Gruppen aufgeteilt werden. So entsteht ein kleiner Wettbewerb.

Material

„Ja, ich stimme der Aussage zu!"

„Nein, ich stimme der Aussage nicht zu!"

„Ich kann keiner der beiden Aussagen zustimmen!"

Meinungskarussell

Methode geeignet	ab Klasse 5
Stundenthema	Sollen wir, wie Frankreich, die Zucht von Delfinen verbieten?
Vorbereitung	AB mit Info-Text für alle kopieren (siehe Material)
Methode und Nutzen	Die Schüler*innen reflektieren Eigen- und Fremdperspektive. Des Weiteren müssen sie Argumente klar formulieren.

Möglicher Ablauf

- Verteilen Sie das vorbereitete Arbeitsblatt und geben Sie den Hinweis: „Lest euch diesen Info-Text durch und beantwortet die Fragen. Ihr könnt/solltet euer Hintergrundwissen zu dem Thema mit einbringen."
- Die Arbeitsblätter werden mit dem jeweiligen Namen versehen und untereinander getauscht, z. B. an den rechten Nachbarn weitergegeben.
- Die neue Aufgabenstellung lautet: „Schreibt bitte einen kurzen Kommentar mit Begründung auf das ausgetauschte Arbeitsblatt. Nutzt die Formulierungshilfen."
- Diese Kommentierung sollten sie in zwei bis vier Durchgängen durchführen lassen. Hilfreich für die anschließende Besprechung ist, den Namen desjenigen, der kommentiert, zu notieren.
- Diskutieren Sie im Plenum mehrere Arbeitsblätter mit Kommentaren.

Tipp	▪ Stellen Sie schwächeren Schüler*innen zu Beginn dieser Methode Formulierungshilfen zur Verfügung.
Varianten	▪ In besonders leistungsstarken Klassen oder höheren Jahrgangsstufen kann man nach der Phase des Einstiegs in eine Gruppenarbeit übergehen. Diese Ausarbeitungen sollen im Klassenraum aufgehängt und thematisiert werden. ▪ Sie könnten sprachlich schwächeren Schüler*innen Tipp- oder Hilfekarten vorgeben, damit diese sich auch aktiv beim Meinungskarussell beteiligen können.

Material

Info-Text: Sensation in Frankreich!

Die französische Regierung hat ein Verbot der Nachzucht von Delfinen und Orca-Walen beschlossen. Das Gesetz beinhaltet auch die Haltung von Meeressäugern. Erlaubt ist nur noch die Haltung von Meeressäugern, die schon in Gefangenschaft leben.

Eine weitere Maßnahme zum Schutz der Meeressäuger in Frankreich ist, dass deren Becken um mindestens 150 % vergrößert werden müssen. Der Grund für die Vergrößerung ist, dass die Meeressäuger mehr Freiraum für ihre Entfaltung haben sollen. Die Becken dürfen auch nicht mehr gechlort werden.

Verschiedene Umwelt- und Tierschutzorganisationen sind der Meinung, dass es das endgültige Aus für die Meeresshows in Frankreich sein wird!

Welche Folgen hätten diese Forderungen für die Freizeitgestaltung?	Glaubst du, dass diese Forderung politisch und moralisch vertretbar sein könnte?
Was kannst du, ohne Wertung, aus den Aussagen / dem Gesagten entnehmen?	Inwiefern ist der Gesetzesentwurf auch für Deutschland denkbar?

Material/Formulierungshilfen

- „Ich stimme der Aussage zu, weil …"
- „Ich denke auch, dass …"
- „Ich widerspreche der Aussage, weil ..."
- „Ich denke / bin der Meinung, dass …"
- „Zu der Aussage möchte ich Folgendes beitragen/anfügen/hinzufügen …"
- „Diese Aussage halte ich persönlich für falsch, da sie politisch/moralisch verwerflich ist und …"

Lies den Auszug des Infotextes und beantworte die Fragen. Im Anschluss tauscht ihr euch im Plenum aus.

Meinungslinie

Methode geeignet	ab Klasse 8
Stundenthema	Brauchen wir das Menschenrecht auf Asyl?
Vorbereitung	Schüler*innen bereiten als Hausaufgabe mit Pro- und Kontra-Tabelle vor
Methode und Nutzen	Die Schüler*innen lernen hier, ihre Meinung zu formulieren, sie überzeugend vorzutragen und ihre eigene Meinung zu reflektieren.

Möglicher Ablauf

- In einer vorgelagerten Stunde bekommen die Schüler*innen als Hausaufgabe die Anfertigung einer Tabelle mit Pro- und Kontraargumenten.
- Zu Stundenbeginn müssen die Schüler*innen die angefertigte Tabelle mit ihren Argumenten hervorholen und sie wird besprochen.
- Sie fordern die Schüler*innen auf, sich in einer Reihe aufzustellen.
- Sie erklären nun, dass eine Seite des Klassenzimmers Zustimmung bedeutet und die gegenüberliegende Seite Ablehnung, die Mitte bedeutet Enthaltung.
- Sie geben das Kommando für den Start!
- Die Schüler*innen bekommen eine Minute Zeit, sich auf die ihrer Meinung nach richtiger Stelle zu stellen.
- Lassen Sie die Schüler*innen im Anschluss begründen, warum sie sich für ihren Standpunkt entschieden haben.
- Ausblick auf den weiteren Stundenverlauf: Nach einer genaueren Analyse der Argumente wird auf das Grundrecht für Asyl (GG Art 16a) eingegangen. Bei diesem Thema müssten Sie darauf achten, dass die „Stammtischparolen“ Einzelner, die eventuell zuhause vertreten werden, nicht mit in die Schule getragen werden.

Tipps

- Zeigen Sie den Schüler*innen diverses Material aus den letzten Jahrzehnten zu dem Thema „Asyl und Asylflüchtlinge“.
- Sie könnten den Schüler*innen den Punkt der Integration der Flüchtlinge nach dem Zweiten Weltkrieg nahebringen und erklären.
- Bei bestimmten Themen könnte es sinnvoll sein, dass Sie die Abfrage geheim vornehmen. Hier bietet sich eine Stellwand oder die umgeklappte Tafelseite an, auf der vorab bereits Punkte angebracht wurden, damit niemand weiß, wer welchen Punkt geklebt hat. Die Schüler*innen kleben jeweils einen eigenen Punkt auf. Oder Sie lassen die Schüler*innen auf kleine Karten ihre zu besprechenden Themen aufschreiben.

Varianten

- Sie könnten Film- oder Nachrichtenbeiträge aus den Jahren 2015 ff. zeigen: die verschiedenen Reaktionen der Menschen, die anfängliche Willkommenskultur, die im Verlauf teilweise ins Gegenteil kippte.
- Die Schüler*innen sollen im Verlauf der Stunde bzw. der Unterrichtseinheit in ein Rollenspiel übergehen und dabei die verschiedenen Positionen der handelnden Personen annehmen. Alle schauspielendenden Schüler*innen sollten alle Seiten spielen.
- Sie könnten die Schüler*innen bitten, dass sie ihre persönlichen Begründungen aufschreiben und die anderen Schüler*innen ihre Meinungen dazuschreiben.

Material / Beispiele für die Lehrkraft

Soll die Bundesrepublik Deutschland das Grundrecht auf Asyl begrenzen?

☐ stimme nicht zu ☐ unentschlossen ☐ stimme zu

Kann die Politik die Frage, wer ein Anrecht auf Asyl in Deutschland hat, lösen?

☐ ja ☐ unentschlossen ☐ nein

Vertrauen Sie der Arbeit der Bundesregierung?

☐ nie ☐ manchmal ☐ oft ☐ immer

Placement

Methode geeignet	ab Klasse 7
Stundenthema	Bedingungsloses Grundeinkommen?
Methode und Nutzen	Die Schüler*innen sammeln verschiedene Meinungen zu einem Thema, verdichten diese und diskutieren sie innerhalb der Gruppe kontrovers. Diese Methode stimuliert auch die kognitive Aktivität.

Möglicher Ablauf

- Sie geben den Schüler*innen das Thema bekannt.
- Jede*r Schüler*in beginnt für sich alleine zu arbeiten.
- Während dieser Phase teilen Sie die Klasse in Gruppen ein. (Bei dieser Methode ist es denkbar, dass Sie zwischen Dreier- bis Fünfer-Gruppen variieren)
- Nach dem Ende der Einzelarbeitsphase finden sich die Gruppen zusammen. Jedes Mitglied stellt seine Ergebnisse vor und verschriftlicht diese in seiner Ecke der Placemat
- Im Anschluss diskutiert die Gruppe über die einzelnen Meinungen der Gruppenmitglieder.
- In das Feld in der Mitte der Placemat schreiben die Gruppenmitglieder Gemeinsamkeiten.
- Am Ende stellt jede Gruppe ihr Ergebnis der Klasse vor.
- Dies ist eine Methode des kooperativen Lernens.
- Ausblick auf den weiteren Stundenverlauf: Nach genauerer Analyse der verschiedenen Gruppenergebnisse werden die Arbeitsergebnisse an der Tafel gesammelt und nach bestimmten Kategorien geordnet. Anhand dieser Kategorien wird die Klasse die unterschiedlichen Themen weiterbearbeiten.

Varianten

- Sie könnten die Schüler*innen bei dieser Methode auch verschiede Unterpunkte zu der Leitfrage bearbeiten lassen.
- Sie könnten mit dem Fach Gemeinschaftskunde/Gesellschaftslehre/Sozialkunde /Sozialwissenschaften zusammenarbeiten.
- Sie könnten mit den Fachkolleg*innen Religion ein Projekt daraus erstellen und vor der Schulgemeinschaft vortragen.

Punktabfrage

Methode geeignet	ab Klasse 5
Stundenthema	Warum brauchen wir die Grund- und Menschenrechte? Am Beispiel Gleichheit vor dem Gesetz (Art. 3 GG)
Vorbereitung	Fragen zum Thema auf einem Plakat notieren und Klebepunkte mitbringen
Methode und Nutzen	Das Meinungsbild der Klasse wird visualisiert. Jede*r Schüler*in muss seine*ihre eigene Meinung reflektieren.

Möglicher Ablauf

- Hängen Sie das Plakat an der Tafel oder an einer Pinnwand auf.
- Jede*r Schüler*in erhält vier Klebepunkte.
- Sie stellen Ihre vorbereiteten Fragen und die Schüler*innen verteilen im Anschluss ihre Punkte.
- Fordern Sie die Schüler*innen auf, die Ergebnisse zu den einzelnen Fragen in eigenen Worten zusammenzufassen. Diese sollten von mehreren Schüler*innen vorgetragen werden.
- Nach diesem Einstieg beginnt die eigentliche Arbeit mit dem Thema.
- Ausblick auf den weiteren Stundenverlauf: Nach einer genauen Betrachtung der Argumente wird darüber diskutiert, weshalb die Grund- und Menschenrechte basal für eine Gesellschaft sind.
- Sie sollten, wenn möglich, allen Schüler*innen ein Exemplar des Grundgesetzes zur Verfügung stellen. Schulen können Klassensätze bei der Bundestagsverwaltung kostenlos bestellen.

Tipps	▪ Diese Methode eignet sich für jede Jahrgangsstufe und jedes Thema um ein Meinungsbild zu gewinnen. ▪ Anstelle von Klebepunkte können Sie Punkte oder Kreuze mit Stiften malen lassen.
Varianten	▪ Mit dieser Methode könnten Sie die Stimmung zu Beginn des Themas abfragen und am Ende des Themas eine eventuelle Veränderung durch eine erneute Abfrage feststellen. ▪ Sie könnten introvertierte Schüler*innen und Schüler*innen mit wenig Deutschkenntnissen ihre Meinung schriftlich beantworten lassen. ▪ Sie könnten Schüler*innen mit wenig Deutschkenntnissen auch in Kleingruppen ihren Standpunkt beziehen lassen, so können diese ihre Sprachkompetenz üben.

Material / Beispiele für die Lehrkraft

Alle Menschen in der Bundesrepublik Deutschland sind gleich?

☐ stimme nicht zu ☐ unentschlossen ☐ stimme zu

Kann die Zivilgesellschaft die Gleichberechtigung von Mann und Frau realistisch umsetzen?

☐ ja ☐ unentschlossen ☐ nein

Fühlst du dich in der öffentlichen Wahrnehmung deiner Rechte und Pflichten gleich mit anderen Menschen?

☐ nie ☐ manchmal ☐ oft ☐ immer

Rollenspiel

Methode geeignet	ab Klasse 7
Stundenthema	Warum ist die Einführung einer Grundrente gerecht?
Vorbereitung	überlegen, ob nur Personenbeschreibungen oder ein festes Schauspiel vorgegeben werden soll; Rollenkarten vorab mitgeben, damit die Schüler*innen sich vorbereiten können
Methode und Nutzen	Die Schüler*innen können sich kreativ betätigen und darstellen. Des Weiteren wird von ihnen verlangt, dass sie ihre eigene Reaktionsfähigkeit verbessern!

Möglicher Ablauf

- Sie wählen anhand Ihres Themas bzw. Schauspiels die entsprechende Anzahl an Schauspieler*innen aus.
- Sie sollten den Schauspieler*innen genügend Vorbereitungszeit geben. Eine Möglichkeit wäre, ihnen die Rollenkarten in der Stunde davor mitgeben oder ihnen einige Minuten in der aktuellen Stunde dafür zu geben.

Tipp	▪ Stärkere Schüler*innen können ihre eigenen Rollenkarten schreiben
Variante	▪ Eine Möglichkeit wäre, dem Publikum, sprich den nicht darstellenden Schüler*innen, die Möglichkeit zu geben, den Schauspieler*innen Begriffe zuzurufen, damit diese sie in ihr Schauspiel integrieren.

Sätze beenden

Methode geeignet	ab Klasse 8
Stundenthema	Bildungsgerechtigkeit – Wie gerecht ist unser Land wirklich?
Vorbereitung	Satzanfänge zum Thema vorbereiten und ggfs. auf Folie ziehen
Methode und Nutzen	Die Schüler*innen sollen über das Thema Bildung reflektiert nachdenken und sich des Stellenwertes innerhalb der Gesellschaft bewusst werden. Des Weiteren wird den Schüler*innen klar, dass bei den einzelnen Satzanfängen mehrere Satzenden möglich sind.

Möglicher Ablauf

- Sie präsentieren den Schüler*innen einen Satzanfang, den sie an die Tafel schreiben oder mithilfe einer Dokumentenkamera bzw. mit einem Beamer anzeigen, und vervollständigen ihn selbst.
- Sie zeigen der Klasse die übrigen Satzanfänge.
- Jede*r Schüler*in macht sich zu den entsprechenden Satzanfängen Gedanken und Notizen.
- Nach etwa fünf Minuten besprechen Sie mit der Klasse die Ergebnisse der Schüler*innen. Achten Sie darauf, dass jede*r Schüler*in etwas beiträgt.
- Ausblick auf den weiteren Stundenverlauf: Sie führen nun zum übergeordneten Thema über „Was muss sich am Bildungssystem verändern, damit die Kinder und Jugendlichen in Deutschland eine faire Chance auf einen guten Schulabschluss haben?“ Den Schüler*innen wird schnell bewusst, dass sie das selbst betrifft!

Tipps

- Schwachen Klassen oder schwachen Schüler*innen könnten Sie einzelne Wörter als Joker oder Hilfestellung vorgegeben.
- Schüchternen Schüler*innen könnten Sie die Möglichkeit einräumen, dass diese sich statt mündlich, schriftlich äußern.

Varianten

- Sie könnten an jede*n Schüler*in einen Satzanfang oder ein Satzende verteilen. Je ein Satzanfang und ein -ende passen zusammen. Die Schüler*innen müssen einander finden und begründen, warum der Anfang und das Ende passend sind.
- Sie könnten nicht nur Satzanfänge und mögliche Satzenden in der Klasse verteilen, sondern auch lange Sätze in drei oder vier Teile teilen. Die Schüler*innen finden selbstständig zusammen.
- Eine einfachere Variante wäre, dass die einzelnen Satzteile, die Anfänge und die Enden, auf die verschiedenen Ecken des Klassenraumes aufteilen.

Standbilder

Methode geeignet	ab Klasse 6
Stundenthema	Pubertät – Wer bin ich?
Vorbereitung	drei bis vier Karteikarten mit Szenen oder Standbildern, die dargestellt werden sollen, erstellen (siehe Material)
Methode und Nutzen	Die Schüler*innen müssen sich auf die Darstellung der Fakten konzentrieren und dürfen dabei nicht sprechen.

Möglicher Ablauf

- Sie wählen drei bis vier Schüler*innen für die Darstellung aus.
- Sie übergeben diesen Schüler*innen die vorbereiteten Karteikarten bzw. Anweisungen.
- Die Schüler*innen haben ca. zwei Minuten Zeit, sich die Anweisungen einzuprägen.
- Währenddessen bekommt die Klasse Beobachtungsaufträge.
- Die „Schauspieler*innen" stellen ihr Standbild dar.
- Die Klasse, errät, um welches Stundenthema es sich hier handelt.

Tipp	▪ Sie können die dargestellten Szenen fotografieren und diese später mit gezeigten Standbildern vergleichen. Sie könnten diese Bilder auch im Klassenzimmer aufhängen bzw. sie ausstellen.
Varianten	▪ Sie könnten daraus einen kleinen Wettbewerb machen. Die Kleingruppen überlegen sich zu dem Rahmenthema mögliche Szenen oder erstellen selbst kleine Skizzen/Zeichnungen, die dem Plenum gezeigt bzw. vorgestellt werden. ▪ Sie lassen die Schüler*innen erraten, was sich eine Gruppe überlegt oder vorab gezeichnet hat.

Material/Beispiel

© Illustration: Antje Kahl

Stimmungsbild

Methode geeignet	ab Klasse 5
Stundenthema	Soziale Medien – Freund oder Feind?
Vorbereitung	Plakat mit Skala mit entsprechenden Fragen vorbereiten, eventuell auch Bilder oder Abbildungen, Textmarker oder Klebepunkte vorbereiten/besorgen
Methode und Nutzen	Erkennen des Stimmungsbildes der Klasse bzw. das Vorwissen der Klasse. Schulung und Förderung des Demokratieverständnisses und der Meinungsvielfalt

Möglicher Ablauf

- Hängen Sie das Plakat/die Plakate mit den vorbereiteten Skalen zu den Fragestellungen zunächst verdeckt auf.
- Lesen Sie die Fragen laut und deutlich vor, decken Sie das Plakat auf.
- Fordern Sie die Schüler*innen auf, ihre Punkt/Kreuze aufzuzeichnen oder aufzukleben. Zu empfehlen wäre, dass Sie ein oder zwei Markierungen je Frage vorab anbringen, damit die Anonymität sichergestellt wird.

Tipp	Damit die Abfrage anonym sein kann, sollten Sie diese hinter der Tafel stattfinden lassen.
Varianten	Wiederholen Sie diese Befragung nach Ende des Themas. Führen Sie mit Ihrer Klasse diese Befragung innerhalb der Jahrgangsstufe durch und vergleichen die Ergebnisse.

Material / Beispiele für die Lehrkraft

Die sozialen Medien zeigen die Realität.

☐ stimme nicht zu ☐ unentschlossen ☐ stimme zu

Kann man die verschiedenen sozialen Medien als harmlos einstufen?

☐ ja ☐ unentschlossen ☐ nein

Nutzt du die sozialen Medien als Lernhilfe?

☐ nie ☐ manchmal ☐ oft ☐ immer

Brainstorming

Methode geeignet	ab Klasse 7
Stundenthema	Identität – Wie finde ich zu mir selbst?
Vorbereitung	keine
Methode und Nutzen	Die Schüler*innen müssen sich in kürzester Zeit Gedanken zu einem bestimmten Thema machen und dürfen dabei die Ideen der anderen Schüler*innen nicht bewerten oder kritisieren!

Möglicher Ablauf

- Sie oder ein*e Schüler*in tragen das Thema der Klasse vor.
- Sie müssen sicherstellen, dass jedem*jeder in der Klasse klar ist, warum es geht!
- Sie stellen die Frage: Identität – Wie finde ich zu mir selbst?
- Die Schüler*innen sind nun aufgefordert, selbstständig und spontan eigene Lösungsvorschläge zu nennen.
- Die Schüler*innen schreiben ihre Vorschläge auf und Sie sammeln diese an der Tafel oder an einer Pinnwand. Sie können das Aufschreiben der Vorschläge auch einer*einem Schüler*in übertragen.
- Beim Anpinnen werden die Vorschläge kurz ausgesprochen, es erfolgt keine Wertung oder Kritik.
- Ausblick auf den weiteren Stundenverlauf: Im Anschluss werden die Ideen geordnet und bewertet. Beim Sortieren könnten dabei Oberbegriffe formuliert und Gewichtungen vorgenommen werden.
- Sie zeigen den Schüler*innen das Schaubild (siehe Material) zum Begriff Identität.

Tipp	▪ Um Zeit zu sparen, könnten Sie die Gedanken der Schüler*innen aufschreiben lassen und jede*r darf nur einen Gedanken nennen. Sollte ein PC oder ein Tablet vorhanden sein, werden die genannten Begriffe/Teilsätze digital erfasst!
Variante	▪ Geben Sie einen Oberbegriff vor, damit es zu einem gelenkten und zeiteinsparenden Einstieg kommt.

Material

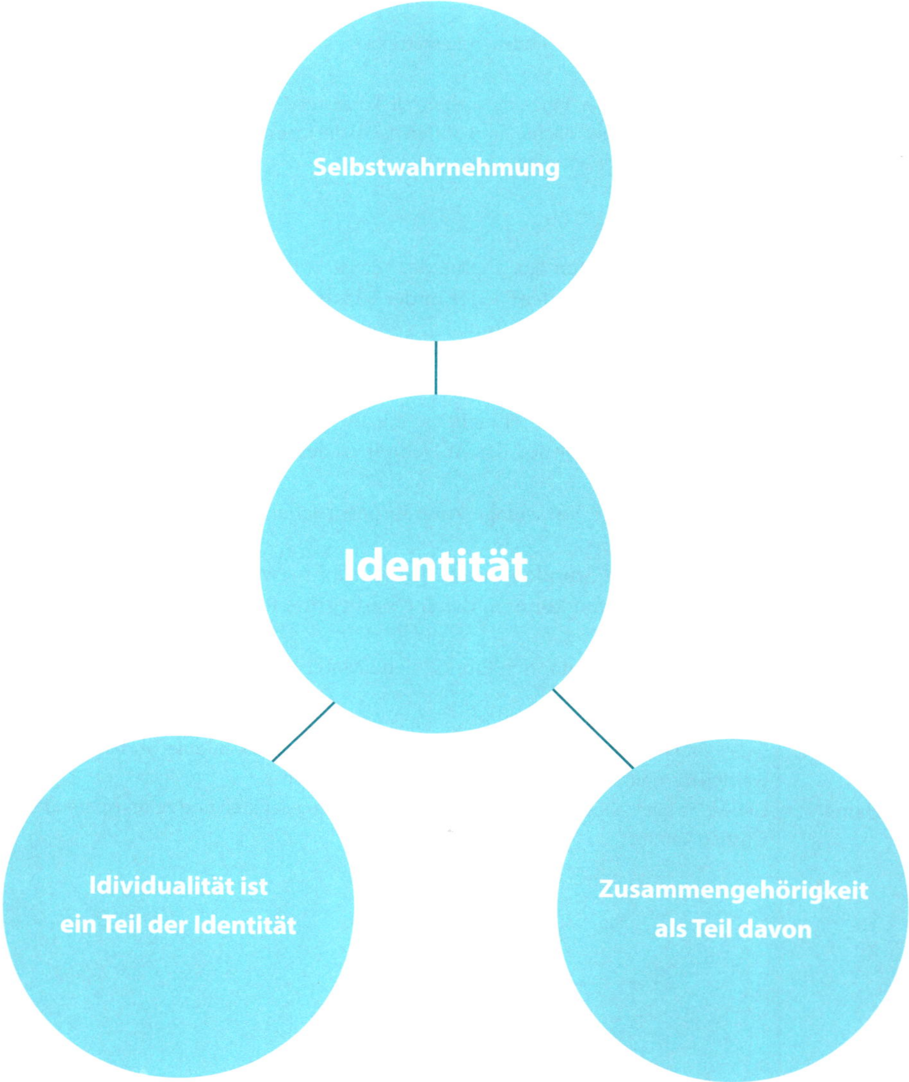
Selbstwahrnehmung
Identität
Idividualität ist ein Teil der Identität
Zusammengehörigkeit als Teil davon

Brainwriting

Methode geeignet	ab Klasse 8
Stundenthema	Umweltschutz – Warum sollten wir besser mit unserer Umwelt umgehen?
Vorbereitung	ggf. Tabelle (siehe Material) für alle kopieren
Methode und Nutzen	Die Schüler*innen werden dazu angeregt, die Ideen der anderen zu kommentieren und dabei nicht zu sprechen.

Möglicher Ablauf

Sie teilen die Klasse in Sechser-Gruppen ein.

- Jede*r Schüler*in benötigt ein Stück Papier. Auf diesem schreibt er*sie in drei Spalten jeweils drei Ideen zu dem vorgegebenen Thema.
- Nach der von ihnen vorgegebenen Zeit geben die Schüler*innen ihr Papier an die Person neben sich weiter. Diejenigen kommentieren das Geschriebene in der darunterliegenden Zeile. Das Ganze durchläuft die komplette Gruppe.
- Sie sollten darauf achten, dass die Schüler*innen nicht miteinander sprechen!
- Zum Schluss besprechen die einzelnen Gruppen die besten Ideen und stellen diese der Klasse vor.
- Ausblick auf den weiteren Stundenverlauf: Nach einer genaueren Analyse der verschiedenen Argumente werden die besten und geeignetsten an der Tafel oder auf einem Poster gesammelt und ausformuliert.

Tipp	▪ Sie können die Gruppen so einteilen, dass Befürworter und Gegner in den einzelnen Gruppen sind, dadurch werden die Ergebnisse besonders interessant.
Varianten	▪ Sie könnten im Anschluss die Gruppen durchmischen und für eine weitere Stillarbeitsphase sorgen. Die Schüler*innen sind aufgefordert, sich auf eine neue Gruppenkonstellation einzulassen. ▪ Sie geben einzelne, beispielhafte Ideen vor, somit könnten Sie zu einem intensiveren Denkprozess anregen.

Material / Beispiel für die Lehrkraft

Schüler*in	Idee 1	Idee 2	Idee 3
S 1	Klimawandel	Fridays for Future	...
S 2	CO_2	Schulstreik	...
S 3	SUV	Generationenkonflikt	...
S 4	Dieselfahrverbot	Alt gegen Jung	...
S 5	Smog	Steuerhöhungen	...
S 6	Atemnot	Kerosinabgabe	...

Material

Thema: ______________________________

Schüler	Idee 1	Idee 2	Idee 3

Buchstabengitter

Methode geeignet	ab Klasse 5
Stundenthema	Liebe, Ehe, Familie – Eine Einführung
Vorbereitung	Buchstabengitter (siehe Material) für alle vorbereiten oder kopieren
Methode und Nutzen	Die Schüler*innen werden in ihrer optischen Differenzierung geschult.

Möglicher Ablauf

- Sie erklären den Schüler*innen, dass heute ein Buchstabengitter zum Thema Liebe, Ehe, Familie zu bearbeiten ist.
- Sie teilen den Schüler*innen das Buchstabengitter aus.
- Die Schüler*innen bearbeiten bzw. lösen das Buchstabengitter.
- Die gefundenen Begriffe werden im Anschluss besprochen.

Tipps	▪ Sie könnten diese Buchstabengitter gemeinsam mit parallelen Lerngruppen oder höheren Klassen erarbeiten. ▪ Das Buchstabengitter eignet sich, so wie hier, besonders gut für die Einführung eines Rahmenthemas. ▪ Diese Buchstabengitter eigenen sich auch zur Wiederholung von Begriffen.
Variante	▪ Sie können die Schüler*innen die Begriffe im Anschluss an die Unterrichtseinheit noch definieren lassen und sehen somit, ob sie die Begriffe verstanden haben. Dies dient zur Vorbereitung zur Klassenarbeit.

Lösungen für das Buchstabengitter (S. 46)

Waagrecht

1. Braut
2. Trauer
3. Sterben
4. Treue

Senkrecht

1. Hochzeitsfeier
2. Tod
3. Scheidung
4. Verlobung

Material

In dem Buchstabengitter sind acht Begriffe rund um die Themen: Liebe, Ehe und Familie versteckt. Vier sind in waagerechten Reihen und vier in senkrechten Reihen zu finden. Markiere die Kästchen mit den entsprechenden Begriffen in unterschiedlichen Farben.

W	B	R	A	U	T	E	R	I	V	M	T
P	Ü	B	U	N	D	E	S	R	E	T	O
H	F	G	A	U	S	S	C	H	R	S	D
O	Q	E	Ä	G	M	T	E	V	L	C	B
C	U	O	W	Q	I	Ü	O	O	O	H	E
H	Y	R	T	R	A	U	E	R	B	E	W
Z	X	T	A	X	I	Y	V	B	U	I	R
E	W	N	S	W	S	Y	I	K	N	D	Ö
I	R	E	O	E	T	K	I	J	G	U	D
T	E	T	X	S	E	J	S	T	D	N	B
S	T	E	R	B	E	N	X	M	Ü	G	A
F	W	E	V	W	R	L	A	H	H	E	J
E	V	R	W	Q	G	M	X	G	M	S	Z
I	W	Q	E	A	P	H	F	Z	N	T	P
E	Ü	W	G	X	V	N	P	U	F	A	F
R	P	E	V	N	W	F	Q	S	D	G	E
P	B	R	B	D	E	B	A	T	T	E	R
O	T	R	E	U	E	Ö	K	N	U	Z	T

Freiflug

Methode geeignet	ab Klasse 7
Stundenthema	Wer bildet heute eine Familie? – Die neuen Formen eines Familienlebens
Vorbereitung	DIN-A3-Papierbogen für jede*n Schüler*in
Methode und Nutzen	Die Kreativität der Schüler*innen wird gefördert. Sie bekommen Raum für den eigenen spielerischen Antrieb

Möglicher Ablauf

- Alle Schüler*innen erhalten einen Bogen Papier. Sie legen ihn vor sich hin und nehmen einen Stift in die Hand. Wenn absolute Ruhe eingekehrt ist, schließen alle die Augen.
- Nach einem kurzen Moment der Ruhe erhalten die Schüler*innen den Arbeitsauftrag: „Lass die Augen geschlossen und zeichne, ohne zu überlegen, genau das auf das Papier, was dir gerade einfällt."
- Nach einem kurzen Moment, etwa 30 Sekunden, des Krakelns und Kritzelns, sollen die Schüler*innen die Augen öffnen und nun rund fünf Minuten lang aus den Linien der Kritzelei ein schönes Bild zeichnen. Im Anschluss daran geben sie dem Bild einen Titel und überlegen sich vier weitere Begriffe (Nomen, Adjektive oder Verben), die zum Bild passen.
- In Kleingruppen werden die Kunstwerke dann vorgestellt.
- In der Gruppe formulieren die Schüler*innen nun aus allen Begriffen ein gemeinsames Gedicht zu dem Thema „Familie" das auf ein Plakat übertragen wird.
- Aus den Gedichten und den Zeichnungen wird eine Collage erstellt, die während der Unterrichtsreihe ausgestellt werden sollte.
- Zum Abschluss des Einstiegs betrachten alle Schüler*innen die gestaltete Collage.

Tipp	▪ Sie erfordert viel Mut, aber diese ungewöhnliche Methode kann Schüler*innen dazu bringen, sich ohne Vorurteile an ein negativ besetztes Thema heranzutrauen.
Varianten	▪ In einer Doppelstunde könnten sie ausgewählte oder sogar alle Zeichnungen im Plenum besprechen. ▪ Sprachlich schwachen Schüler*innen könnten Sie Hilfestellungen geben. ▪ Sie könnten die Zeichnungen vor dem Notieren der vier Begriffe austauschen bzw. durchtauschen lassen.

Endlostext

Methode geeignet	ab Klasse 7
Stundenthema	Herrschaft über die Natur oder wer beherrscht die Welt?
Vorbereitung	Stundenthema auf eine Folie schreiben, Sätze vorbereiten, ggf. mit Ihrem Laptop schreiben und mit Beamer anzeigen
Methode und Nutzen	Die Schüler*innen üben Konzentrationsfähigkeit und schulen ihre Rechtschreibung.

Möglicher Ablauf

- Das Stundenthema muss in Großbuchstaben ohne Leerzeichen zwischen den Wörtern und ohne Zeichen geschrieben werden (siehe unten).
- Ein*e Schüler*in oder die Lehrkraft liest den Text vor, dabei sollte der*die Schüler*in auf die korrekte Betonung achten.
- Ausblick auf den weiteren Stundenverlauf: Mit den Schüler*innen wird über die Natur und deren „Beherrschung" gesprochen, ob wir Menschen tatsächlich über die Natur herrschen oder vielmehr die Natur uns und unser Leben beherrscht – hier vor allem im Hinblick auf den Klimawandel. Hierzu können Sie den Schüler*innen einige Bilder oder Stichwörter, wie Hochwasser, Unwetter oder Anstieg der Temperaturen, als Hilfestellung an die Tafel schreiben, wenn Bedarf bestehen sollte.

Tipp	▪ Die Schüler*innen erhalten schwierigere Endlostexte als kopierte Vorlage, damit sie selbstständig daran arbeiten können.
Varianten	▪ Die Schüler*innen erhalten die Kopie des Textes, damit sie die Satzzeichen eigenständig setzen können und somit etwas für ihre Deutschkenntnisse tun. ▪ Bei anspruchsvolleren und längeren Endlostexten könnten die Sätze vertauscht sein und die Schüler*innen müssen diese in die richtige Reihenfolge bringen.

Material / Beispiele für die Lehrkraft

WIRMENSCHENDENKENDIENATURZUBEHERR SCHENABERDIENATURBEHERRSCHTUNS

DERKLIMAWANDELZEIGTUNSWERWENBE HERRSCHT

Impulskarten

Methode geeignet	ab Klasse 8
Stundenthema	Was bedeutet für dich Glück?
Vorbereitung	Impulskarten kopieren
Methode und Nutzen	Förderung der Assoziationsfähigkeit

Möglicher Ablauf

- Sie verteilen die Impulskarten an die Schüler*innen, die sie zu einem Denkprozess anregen sollen.
- Die Schüler*innen bearbeiten die Aufgabenstellungen.
- Die Ergebnisse der Interpretationen der Impulskarten werden im Plenum besprochen.
- Ausblick auf den weiteren Stundenverlauf: Nach einer genaueren Analyse der Ergebnisse werden diese an der Tafel festgehalten und dienen zur Grundlage für eine Diskussion und einen Schreibauftrag.

Tipps

- Sie können die Klasse in Gruppen einteilen und die Gruppenzusammensetzung mithilfe der Impulskarten vornehmen.
- Sie können die Impulskarten auf DIN A3 vergrößern und an der Tafel aufhängen.

Varianten

- Sie könnten den Schüler*innen die Möglichkeit geben, sich Postkarten als Impulse selbst aus einem Kartenpool auszusuchen, den Sie vorab zusammengestellt haben.
- Sie könnten den Schüler*innen die Möglichkeit geben, die Impulskarten mit Redewendungen bzw. Sprüchen zu versehen. (Sie sollten in diesem Fall die Karten kopieren.)
- Für besonders leistungsstarke Schüler*innen empfiehlt es sich, die Redewendungen bzw. Sprüche in einer Fremdsprache zu verwenden, z. B. Latein, Englisch oder Französisch.
- Sollte Ihre Klasse einen hohen Anteil an Schüler*innen mit Migrationshintergrund haben, könnten Sie Redewendungen bzw. Sprüche in den vertretenen Sprachen auslegen oder austeilen. So wird eine andere Gefühlslage angesprochen.

Material

Aufgabe: Was denkst du bei der Betrachtung der Karten und was verbindest du mit ihnen? Notiere dir Stichpunkte zu den einzelnen Impulskarten.

Impulskarte 1

Shutterstock.com / J K Laws

Impulskarte 2

Shutterstock.com / i_photos

Impulskarte 3

Shutterstock.com / Pabbixel

Impulskarte 4

Shutterstock.com / diez artwork

Karikatur

Methode geeignet	ab Klasse 7
Stundenthema	„Ätzend, überall diese Armut!!“
Vorbereitung	Karikatur auf Folie ziehen oder für alle kopieren
Methode und Nutzen	Die Schüler*innen reflektieren humorvoll und i. d. R. kritisch

Möglicher Ablauf

- Sie sollten sich vorab entscheiden, ob Sie die Arbeit in Einzel- oder Partnerarbeit durchführen lassen möchten.
- Sie zeigen den Schüler*innen die Karikatur und geben nacheinander die Arbeitsaufträge bekannt.
- Der erste Arbeitsauftrag lautet: „Beschreibt, was ihr auf der Karikatur seht.“ Bearbeitungszeit: zwei bis drei Minuten.
- Der zweite Arbeitsauftrag lautet: „Welches Problem stellt der Karikaturist dar? Auf welchen Missstand will er mit der Zeichnung hinweisen?“ Bearbeitungszeit: drei Minuten.
- Der dritte Arbeitsauftrag lautet: „Was ist eure Meinung zum dargestellten Problem? Wie steht ihr selbst zu dem Missstand, der angesprochen wird?“ Bearbeitungszeit: fünf Minuten.
- Die Schüler*innen stellen ihre Ergebnisse vor. Diese werden an der Tafel festgehalten.
- Ausblick auf den weiteren Stundenverlauf: Nach einer genaueren Analyse führen sie eine Diskussion mit der Klasse.

Tipps	▪ Visualisieren Sie für die Schüler*innen den Dreischritt: „Beschreibung – Problematisierung – Beurteilung“. ▪ Karikaturen zum Thema „Arbeitsmarkt und Rente“ finden Sie am Monatsanfang in den Tageszeitungen und im Internet.
Variante	▪ Sie können den Schüler*innen mehrere Karikaturen vorlegen und diese wählen eine aus. (Karikaturen-Rallye)

Material/Formulierungshilfen

© Klaus Stuttmann

Formulierungshilfen:
„Die Karikatur mit dem Titel „…" von [Name] ist am [Erscheinungsdatum] in [Quelle] veröffentlicht worden. Hier wird [Thema] dargestellt/vorgestellt …

Für Karikaturen ohne Orts- und Zeitangaben
„Die Karikatur mit dem Titel „…" ist von [Name]. Hier wird [Thema] dargestellt und soll uns auf […] hinweisen.

Liedtext

Methode geeignet	ab Klasse 9
Stundenthema	Rollenbilder und Vorurteile über Mann und Frau
Vorbereitung	Lied „Männer" von Herbert Grönemeyer und Abspielgerät organisieren, Liedtext recherchieren und ausdrucken für alle
Besonderer Nutzen	Die Schüler*innen lernen, Meinungen empathisch zu formulieren. Wenn die Schule an „Jugend debattiert" teilnimmt, kennen die Schüler*innen die Regeln dafür bereits.

Möglicher Ablauf

- Spielen Sie das Lied „Männer" von Herbert Grönemeyer ohne vorherige Erklärung ab.
- Sie erfragen bei den Schüler*innen das Thema: „Worum geht es eigentlich in diesem Lied?"
- Sie halten das Stundenthema: „Rollenbilder und Vorurteile von Männern und Frauen" an der Tafel fest.
- Spielen Sie das Lied ein zweites Mal ab. Geben Sie folgenden Impuls: „Achtet darauf, welche Rollenbilder und Vorurteile hier von Männern thematisiert werden.
- Im Anschluss notieren Sie die unklaren Wörter und erklären diese.
- Die Schüler*innen erhalten den Liedtext als Kopie.
- Erstellen Sie eine Zusammenstellung der Stichworte zum Rollenbild der Männer.

Tipps	▪ Die Schüler*innen könnten mithilfe eines Multiple-Choice-Fragebogens den Inhalt des Liedes kurz für sich selbst überprüfen. ▪ Sie könnten für besonders starke Schüler*innen aus dem Liedtext einen Lückentext gestalten.
Varianten	▪ Die Schüler*innen erhalten vor dem Abspielen des Liedes die Kopie, aber ohne den Titel. Dieser wird den Schüler*innen nachgereicht. ▪ Die Schüler*innen unterstreichen beim Hören des Liedes gleich die unbekannten Wörter und sparen dadurch Unterrichtszeit ein.

Lückentext

Methode geeignet	ab Klasse 6
Stundenthema	Ein Urteil fällen – Wie mündig sind wir?
Vorbereitung	Lückentext vorbereiten oder kopieren (siehe Material)
Methode und Nutzen	Die Schüler*innen müssen auf ihr Sprachgefühl achten.

Möglicher Ablauf

- Sie verteilen die Lückentexte und beauftragen die Schüler*innen damit, diese in Einzelarbeit zu lösen.
- Auf dem Arbeitsblatt mit dem Lückentext steht eine Wörterliste mit den einzusetzenden Wörtern.
- Die Bearbeitungszeit setzen Sie je nach Leistungsstärke der Klasse und Umfang des Lückentextes fest.
- Ausblick auf den weiteren Stundenverlauf: Nach der Besprechung der Lösung können Sie mit den Schüler*innen über die Thematik „Urteil und Gerechtigkeit" sprechen. Hier könnten Sie einführen, dass es zwischen gesetzlichen und moralischen Urteilen Unterschiede gibt, die nicht immer für jeden Menschen nachvollziehbar sind.

Tipps

- Für schwächere Schüler*innen könnten Sie Hilfestellungen am Pult bereithalten, z. B. den Anfangsbuchstaben nennen, die Wortart oder auch die Endung.
- Legen Sie Wörterbücher aus, diese können Sie entlasten, falls Schüler*innen manche der Wörter im Lückentext nicht verstehen oder kennen sollten.

Material

Lückentext:

Was ist schon ______________ ? Jeder Mensch fällt täglich ______________ oder Entscheidungen, die er manchmal leichtfertig trifft. Ist uns Menschen überhaupt bewusst, welche ______________ unsere Entscheidungen haben?

Richter und Richterinnen müssen täglich Urteile fällen, die darüber entscheiden, ob jemand ins Gefängnis muss oder einfach nur eine Bewährungsstrafe bekommt.

Der Mensch muss oft in kürzester Zeit ______________ treffen, der ______________ auf die Zukunft haben.

Wörterliste:
Entscheidungen, Urteile, gerecht, Auswirkungen, Einfluss

Lösung:
Was ist schon gerecht? Jeder Mensch fällt täglich Urteile oder Entscheidungen, die er manchmal leichtfertig trifft. Ist uns Menschen überhaupt bewusst, welche Auswirkungen unsere Entscheidungen haben? Richter und Richterinnen müssen täglich Urteile fällen, die darüber entscheiden, ob jemand ins Gefängnis muss oder einfach nur eine Bewährungsstrafe bekommt.
Der Mensch muss oft in kürzester Zeit Entscheidungen treffen, die Einfluss auf die Zukunft haben

Mindmapping

Methode geeignet	ab Klasse 8
Stundenthema	Religionen kennenlernen
Vorbereitung	keine
Besonderer Nutzen	Die Schüler*innen strukturieren ihre Gedanken.

Möglicher Ablauf

- Schreiben Sie in der Mitte der Tafel / des Whiteboards den Begriff „Religionen".
- Die Schüler*innen nennen Unteraspekte, in die man das Thema gliedern kann.
- Sie zeichnen an der Tafel ausgehend vom Oberbegriff Hauptzweige und beschriften diese mit den genannten Begriffen.
- Die Schüler*innen nennen nun passende Unterbegriffe. Diese werden an den passenden Zweigen mit weiteren Verzweigungen eingetragen.
- Ausblick auf den weiteren Stundenverlauf: Sie thematisieren mit den Schüler*innen die wichtigen Begriffe.

Tipps	▪ In schwachen Klassen können Sie Schlüsselwörter an der Tafel schreiben. ▪ Eine weitere Möglichkeit wäre, die Schüler*innen in Gruppen einzuteilen, z. B. es werden Karten mit den großen Religionen ausgeteilt und die Schüler*innen mit der gleichen Religion bilden eine Gruppe und bekommen die Begriffskarten an die Hand. ▪ Mindmapping eignet sich auch gut, um generell in eine Unterrichtseinheit einzusteigen und zu schauen, welches Schülerwissen vorhanden ist.
Varianten	▪ Geben Sie konkrete Begriffe vor und leiten Sie damit die Schüler*innen zu einem bestimmten Ergebnis. ▪ Sie könnten für die schwächeren Schüler*innen auf einem DIN-A3-Blatt eine Struktur mit Oberbegriffen für alle kopieren und vorgeben. ▪ Sie könnten für die Religionen „Christentum, Islam und Judentum" solch ein Mindmapping vorgeben. Nur Schüler*innen, die nicht der entsprechenden Religion angehören, sollen ihre Gedanken dazu strukturiert aufschreiben.

Provokante Aussagen

Methode geeignet	ab Klasse 8
Stundenthema	„Wo ist unser Bewusstsein geblieben?“
Vorbereitung	ein Zitat oder eine Aussage auswählen und visualisierend darstellen
Methode und Nutzen	Die Schüler*innen müssen sich mit provokanten und widersprüchlichen Aussagen befassen und diese kommentieren. Diese Kommentierung fördert die Schüler*innen in der freien Rede bzw. dem Redevortrag.

Möglicher Ablauf

- Sie präsentieren die provokante Aussage „Wo ist unser Bewusstsein geblieben?“ der Klasse. Eine andere Möglichkeit ist, dass Sie Ihren Schüler*innen die vorgelagerte (Haus-)Aufgabe geben, selbst nach provokanten Aussagen zu suchen oder welche aufzustellen.
- Die Schüler*innen machen sich über die Aussagen Gedanken und fragen, was sie bedeuten könnten.
- Sie erläutern kurz die Aussage.
- Die Schüler*innen stellen nun ihre Vorschläge bzw. Gedanken vor.
- Ausblick auf den weiteren Stundenverlauf: Nach einer genauen Analyse der Meinungen werden die Stichworte an der Tafel gesammelt. Im Anschluss sollten Sie mit der Klasse eine Diskussion führen.

Tipps	▪ Sie können zur Vereinfachung auch nur die widersprüchlichen Begriffe einander gegenüberstellen. ▪ Sie sollten immer sehr provokante und aktuelle Aussagen oder Thesen auswählen, die den Schüler*innen vertraut sein müssen.
Varianten	▪ Sie können Ihre Schüler*innen provokante Aussagen von Politikern, Wissenschaftlern oder Personen des öffentlichen Lebens suchen lassen. Diese Aussagen sollen Ihre Schüler*innen Ihnen eine Woche vorher vorlegen. ▪ Teilen Sie die Klasse in zwei Gruppen. Diese erarbeiten zu ihrem jeweiligen Begriff die Aspekte heraus. ▪ Sie könnten die provokanten Aussagen als Lückentext den Schüler*innen vorlegen und diese erschließen den Inhalt. ▪ Sie könnten die provokanten Zitate als Satz-Schnipsel an die Gruppen austeilen und diese müssen sie richtig zusammensetzen.

Talkshow

Methode geeignet	ab Klasse 9
Stundenthema	„Forever Young" – Der Schönheitswahn
Vorbereitung	Einladungen für alle Schüler*innen oder ein Einladungsplakat/-folie/-Tafelanschrieb für Talkshow (inkl. Datum, Uhrzeit, Ort und Thema) gestalten; Rollenkarten anfertigen bzw. kopieren (siehe Material)
Besonderer Nutzen	Die Schüler*innen lernen, Meinungen empathisch zu formulieren. Wenn die Schule an „Jugend debattiert" teilnimmt, kennen die Schüler*innen die Regeln dafür bereits.

Möglicher Ablauf

- Präsentieren Sie den Schüler*innen die Einladung für die Talkshow oder teilen Sie persönliche Einladungen aus.
- Der Termin sollte den Schüler*innen ausreichend Zeit für Vorbereitungen geben.
- Sie und die Schüler*innen legen gemeinsam fest, welche Personen in der Talkshow auftreten sollen, hier z. B. der*die Bundesgesundheitsminister*in, ein*e Vertreter*in der Ärztekammer, ein*e Kinder- und Jugendpsycholog*in, ein*e Betroffene*r, eventuell Kinder oder Partner von jemandem, der sich solchen Operationen unterzieht.
- Sie wählen oder losen die „Schauspieler" aus.
- Die Schüler*innen bereiten als Hausaufgabe für ihre jeweiligen Vertreter*innen die Argumente vor, die die Positionen stützen und somit in der Talkshow von Vorteil sein werden.
- Sie können die Erarbeitung der Argumente in der Unterrichtsstunde beginnen lassen.
- In der Talkshow können Sie selbst die Moderation übernehmen oder Sie wählen eine*n Schüler*in dafür aus.
- Für den weiteren Verlauf der Unterrichtsreihe ist es von Vorteil, wenn Sie während der Talkshow ein Protokoll mitschreiben lassen. Dafür könnten Sie zwei bis drei Schüler*innen bestimmen. Das Protokoll kann im Anschluss ausgewertet und besprochen werden.
- Ausblick aus den weiteren Stundenverlauf: Die Schüler*innen erarbeiten konkrete Vorschläge zu diesem Thema. Besonders starken Lerngruppen könnten Sie ein Wahlthema zum weiteren Erarbeiten geben.

Tipp	▪ Achten Sie darauf, dass die Rollen des Zeit- und Regelwächters / der Zeit- und Regelwächterin vergeben wird.
Varianten	▪ Die Talkshowgäste können durch Gruppenmitglieder zusätzliche Informationen bekommen, damit sie ihren eigenen Standpunkt besser vertreten können. ▪ Es könnte hilfreich sein, wenn Sie bei schwächeren Klassen es erlauben, dass jede*r Vertreter*in der Talkshow eine*n Vertreter*in hat, der*die bei Bedarf einspringt.

Material / Beispiele für Lehrkraft

Rollenkarte: Moderator bzw. Moderatorin
Du bist der Moderator bzw. die Moderatorin und begrüßt die Gäste und das Publikum. Des Weiteren hast du das Recht alle Gäste bei ihren Beiträgen zu unterbrechen und auch Zuschauer und Zuschauerinnen zu Wort kommen zu lassen. Du hast eine Assistenz, die dir Zuschauerbeiträge aus den sozialen Medien vorliest.

Rollenkarte: Gast 1 – Befürworterin
Du bist eine Frau, die Angst vor dem Älterwerden hat. Du siehst, dass in den sozialen Medien Perfektion gefragt ist und möchtest nicht auf das Abstellgleich geraten.

Rollenkarte: Gast 2 – Gegnerin
Du bist eine Frau, die zu ihrem Alter und ihrer Erfahrung steht. Sie kann den Jugendwahn nicht verstehen und lehnt diesen ab.

Rollenkarte: Gast 3 – Befürworter
Du bist ein Mann Mitte 50. Du möchtest nur eine Partnerin, die sich jung hält bzw. die bereit ist, dass sie ihr Aussehen durch diverse Operationen umgestaltet!

Rollenkarte: Gast 4 – Arzt/Ärztin für plastische Chirurgie
Du hast Medizin studiert und dich auf plastische Chirurgie spezialisiert. Du schilderst Geschichten von Personen, denen du durch solche Operationen helfen konntest

Rollenkarte: Gast 5 – Befürworter
Du bist ein Mann Anfang 30 und hast seit deiner Jugend unter ausfallenden Haaren zu leiden. Du hast dich entschlossen, dass du dir Haare implantieren lässt und fühlst dich seit diesem Eingriff befreit.

Überraschungssack – Effektmethode

Methode geeignet	ab Klasse 8
Stundenthema	Deutschland – Weltmeister des Mülls!
Vorbereitung	gesammeltes Verpackungsmaterial in einem großen, undurchsichtigen Sack, eine Decke oder ein Stück Folie, evtl. Getränke, Getränkebecher und Snacks für die Schüler*innen mitbringen, ggf. Zahlen zum Müll recherchieren
Methode und Nutzen	Die Konzentrationsfähigkeit der Schüler*innen wird gestärkt, ihnen werden eigene Verhaltensmuster bewusst und ihre Argumentationsfähigkeit wird gestärkt.

Möglicher Ablauf

- Sorgen Sie vorab für ausreichend Platz vor der Tafel oder in der Mitte des Raumes
- Wenn Sie sich für Getränken und Snacks entscheiden, sollten Sie dies vorbereiten.
- Stellen Sie den Sack unkommentiert, aber gut sichtbar in den Klassenraum. Breiten Sie nach der Begrüßung der Schüler*innen die Decke bzw. die Folie auf dem Boden aus.
- Schütten Sie den Inhalt des Sacks auf den Boden. Geben Sie den Schüler*innen etwa eine Minute Zeit, die Gegenstände zu betrachten und gehen Sie in der Zeit nicht auf eventuelle Fragen ein.
- Stellen Sie nun die Frage: „Was bedeutet das hier?“ Lassen Sie die Schüler*innen ruhig wilde Spekulationen anstellen. Sie könnten diese an die Tafel schreiben oder bitten ein bis zwei Schüler*innen, mitzuschreiben. Die Antworten bzw. Spekulationen sollten begründet werden.
- Sie nennen das Stundenthema und schreiben es an die Tafel,
- Stellen Sie nun den Schüler*innen die folgende Frage: „Wie viel Müll wird von jedem einzelnen Menschen in Deutschland und auf der Welt im Durchschnitt produziert bzw. erzeugt?“ Weisen auf den gerade von ihnen produzierten Müll hin.

Tipps

- Geben Sie den Schüler*innen den Auftrag, Müll zu sammeln, bestmöglich Wochen im Voraus, damit diese nicht auf die Idee kommen, dass das für die aktuelle Stunde gebraucht wird.
- Sie könnten den Kunstlehrer bitten, dass er den Schüler*innen mitteilt, dass sie im Kunstunterricht „Upcycling" als Projektarbeit umsetzen würden. Der*die Kolleg*in könnte Ihnen vorab den Müll übergeben, damit die Schüler*innen nichts davon ahnen und wirklich überrascht sind.
- Um die Spannung zu steigern bieten sich Kaffee- oder Getreidesäcke als Aufbewahrungsort für den Verpackungsmüll an, damit dieser zunächst verborgen bleibt.
- Vorstellbar wäre, dass Sie den Schüler*innen Auszüge aus Statistiken von verschiedenen Jahren geben. Hier würde sich jeweils ein Jahr aus dem 18. und 19 Jahrhundert, sowie aus der Zeit zwischen den beiden Weltkriegen und schließlich aus den letzten Jahren anbieten.
- Sensibilisieren Sie Ihre Schüler*innen und regen Sie an beim Frühstückskauf in der Schule auf die Papiertüte zu verzichten.

Varianten

- Anstelle des mitgebrachten Mülles könnten Sie den Müll der Pausensnacks und Getränke der Schüler*innen nutzen. Hier besteht allerdings die Gefahr, dass an diesem Tag kaum etwas Brauchbares dabei ist.
- Eine weitere Variante wäre, auf die Karteikarten bzw. auf laminierten DIN-A4-Bögen die Durchschnittszahlen des Mülls aus der Schulgemeinde, des Landkreises, des Bezirks, des Bundeslandes und Deutschland zu schreiben. Sie könnten einen kleinen Wettbewerb daraus machen, indem Sie nur die Zahlen auf die Karten schreiben und die Schüler*innen zuordnen, wer der Produzent des Mülldurchschnitts sein könnte.

Wer bin ich?

Methode geeignet	ab Klasse 6
Stundenthema	Die großen griechischen Philosophen, am Beispiel von Sokrates
Vorbereitung	Lebenslauf, Tafelanschrieb, Klebezettel mit Namen der Person – hier Sokrates – vorbereiten
Methode und Nutzen	Die Schüler*innen lernen, Fakten zu verknüpfen und diese auszuwerten

Möglicher Ablauf

- Sie schicken eine*n Schüler*in aus dem Klassenzimmer. Das ist der*die Kandidat*in.
- Sie informieren die Klasse, dass der*die nicht Anwesende nun in eine bestimmte Rolle schlüpft.
- Der*die Kandidat*in kommt wieder herein und bekommt den beschrifteten Klebezettel auf die Stirn geklebt.
- Der*die Kandidat*in darf nur Fragen stellen. Stellen Sie ggfs. Formulierungshilfen (siehe unten) zur Verfügung.
- Die Klasse darf nur mit Ja oder Nein antworten.
- Es sind nur solche Fragen zulässig, die mit Ja oder Nein zu beantworten sind!
- Ausblick auf den weiteren Stundenverlauf: Nachdem der*die Schüler*in erkannt hat, dass es sich hier um Sokrates handelt, leitet man zu der Demokratie, die Sokrates maßgeblich geprägt hat, über.

Tipps	▪ Sie können Personen auch von einzelnen Schülern*innen benennen lassen. ▪ Sie können einen geeigneten Personenpool für dieses Spiel anlegen und der*die Kandidat*in zieht einen der Namen, der in einem verschlossenen Umschlag steckt.
Varianten	▪ Diese Methode könnten Sie in Kleingruppen verlagern und mit verschiedenen Personen spielen lassen. ▪ Eine Variante wäre, dass der*die Kandidat*in nicht mehr als zwölf Fragen stellen darf. ▪ Sie können einen Gruppenwettbewerb ausloben und die Siegergruppe erhält z. B. einen Hausaufgabengutschein. Die einzelnen Gruppen treten gegeneinander an!

Material/Formulierungshilfen

1. Bin ich eine Frau / ein Mann?
2. Lebe ich noch?
3. Bin ich politisch aktiv gewesen?
4. Habe ich durch mein Handeln die Geschichte geprägt?
5. Bin ich ein*e deutsche*r Staatsbürger*in? Bin ich ein*e Europäer*in?
6. Hatte ich das Amt … inne?
7. Bin ich ein*e Künstler*in/Musiker*in/Schauspieler*in?

Wortfüllung

Methode geeignet	ab Klasse 8
Stundenthema	(Gewaltloser) Widerstand
Vorbereitung	ggf. Formulierungshilfen vorbereiten
Besonderer Nutzen	Die Rechtschreibkompetenzen der Schüler*innen werden gefördert.

Möglicher Ablauf

- Sie schreiben einen Begriff, der mit dem Stundenthema direkt zusammenhängt, an die Tafel. Die Anordnung der Buchstaben erfolgt senkrecht.
- Die Schüler*innen finden nun Wörter, die jeweils mit einem der entsprechenden Buchstaben beginnen.
- Ausblick aus den weiteren Stundenverlauf: Die verwendeten Wörter/Begriffe werden thematisiert und Beispiele herangezogen.

Tipps

- Veranstalten Sie einen Wettbewerb aus diesem Einstieg, indem zwei Gruppen gegeneinander antreten!
- Für schwächere Schüler*innen oder Schüler*innen mit wenig Deutschkenntnissen bietet es sich an, Formulierungshilfen zu erstellen.

Material

W ahrheit
I ntrovertiert
D emokratie
E motional
R ollenmuster
S chläge
T äter
A nschlag
N otwehr
D urchhaltevermögen

A ggression
N ervenstark
G ewalt
S chläge
T rauer

Mögliche Formulierungshilfen:

- Umschreibungen für Begriffe geben
- Synonyme für Wörter